मिर्च उत्पादन की तकनीक

डॉ. एस. के. त्यागी

Made with ❤ on the Notion Press Platform
www.notionpress.com

क्रम-सूची

क्रम-सूची

प्रस्तावना

भारत वैश्विक स्तर पर **मिर्च (Chilli)** का सबसे बड़ा उत्पादक, उपभोक्ता और निर्यातक देश है। भारतीय रसोई के एक अभिन्न अंग और किसानों के लिए एक प्रमुख **नकदी फसल (Cash Crop)** होने के कारण, मिर्च की खेती का हमारी कृषि अर्थव्यवस्था में एक अद्वितीय और महत्वपूर्ण स्थान है।

समय के साथ जलवायु परिवर्तन, कीटों व बीमारियों के नए प्रकोप और अंतरराष्ट्रीय बाजार की बदलती माँगों ने मिर्च उत्पादन के सामने कई नई चुनौतियाँ खड़ी कर दी हैं। आज के प्रतिस्पर्धी युग में, केवल उत्पादन बढ़ाना ही पर्याप्त नहीं है, बल्कि गुणवत्ता (Quality) और खाद्य सुरक्षा मानकों को बनाए रखना भी उतना ही अनिवार्य है। ऐसे में, पारंपरिक कृषि पद्धतियों के साथ-साथ **आधुनिक और वैज्ञानिक उन्नत तकनीकों (Modern and Scientific Advanced Technologies)** को अपनाना समय की मांग बन गया है।

यह पुस्तक, **"मिर्च उत्पादन की तकनीक"**, इसी दिशा में एक सार्थक और व्यापक प्रयास है। इस पुस्तक का मुख्य उद्देश्य भारतीय किसानों, कृषि विज्ञान के छात्रों, शोधकर्ताओं और कृषि उद्यमियों को **मिर्च की खेती (Chilli Farming)** से जुड़ी हर प्रामाणिक जानकारी एक ही स्थान पर सरल, सुबोध और वैज्ञानिक भाषा में उपलब्ध कराना है।

इस मार्गदर्शिका में **बीज से लेकर बाजार तक (Seed to Market)** के सफर को बेहद बारीकी से समझाया गया है। पुस्तक के प्रमुख आकर्षण निम्नलिखित हैं:

- **उन्नत किस्मों का चयन:** जलवायु और मिट्टी के अनुसार सही संकर (Hybrid) और देशी किस्मों का चुनाव।
- **नर्सरी और मृदा प्रबंधन:** स्वस्थ पौधों के विकास के लिए वैज्ञानिक नर्सरी तैयार करने की विधियां और पोषण प्रबंधन।
- **एकीकृत कीट एवं रोग प्रबंधन (IPM):** रसायनों का न्यूनतम

उपयोग करते हुए पर्यावरण के अनुकूल कीट नियंत्रण।

- **कटाई उपरांत प्रबंधन (Post-Harvest Management):** तुड़ाई (Harvesting), सुखाने की तकनीक, सुरक्षित भण्डारण (Storage) और फफूंद (जैसे एफ्लाटॉक्सिन) से बचाव।
- **विपणन और मूल्य संवर्धन (Marketing & Value Addition):** श्रेणीकरण (Grading), पैकेजिंग, मिर्च पाउडर या ओलिओरेसिन निर्माण और निर्यात (Export) की रणनीतियाँ।

सामग्री को तैयार करते समय **भारतीय कृषि अनुसंधान परिषद (ICAR)** और अन्य प्रमुख कृषि संस्थानों के नवीनतम शोधों, दिशा-निर्देशों और कृषि मानकों का विशेष ध्यान रखा गया है। यह सुनिश्चित किया गया है कि दी गई जानकारी पूरी तरह से व्यावहारिक हो, जिसे खेत में आसानी से लागू किया जा सके।

मुझे पूर्ण विश्वास है कि यह पुस्तक मिर्च उत्पादकों की **उपज (Yield)** और **आय (Income)** दोनों को बढ़ाने में एक महत्वपूर्ण टूलकिट साबित होगी, और उन्हें वैश्विक मानकों के अनुरूप खेती करने के लिए सशक्त बनाएगी।

मैं उन सभी कृषि वैज्ञानिकों, प्रगतिशील किसानों और शोधकर्ताओं का हृदय से आभारी हूँ, जिनके अथक ज्ञान और जमीनी अनुभवों ने इस पुस्तक को प्रामाणिक और उपयोगी बनाने में मदद की है। आशा है कि कृषि जगत में इस कृति का खुले दिल से स्वागत होगा।

- लेखक

डॉ. एस. के. त्यागी

अस्वीकरण

अस्वीकरण (Disclaimer)

इस पुस्तक, **"मिर्च (Chilli) उत्पादन की तकनीक"** में संकलित की गई सभी जानकारी पूर्णतः शैक्षिक (Educational) और सूचनात्मक उद्देश्यों (Informational purposes) के लिए प्रदान की गई है।

- **प्रमाणिकता (Authenticity):** इस पुस्तक में उल्लिखित उन्नत कृषि पद्धतियां (Advanced agricultural practices), पोषण प्रबंधन (Nutrition management) और कीट नियंत्रण (Pest control) के उपाय मुख्य रूप से **भारतीय कृषि अनुसंधान परिषद (ICAR)** और अन्य प्रमुख कृषि शोध संस्थानों के शोधों पर आधारित हैं।
- **परिणामों की परिवर्तनशीलता (Variability of Results):** पाठकों को यह ध्यान रखना चाहिए कि कृषि एक परिवर्तनशील जैविक प्रणाली (Dynamic biological system) है। **फसल की उपज (Crop yield), फलों की गुणवत्ता (Fruit quality) और तकनीकों की सफलता हमेशा स्थानीय जलवायु (Local climate), मृदा की स्थिति (Soil condition), और जल प्रबंधन (Water management) पर निर्भर करती है।** अतः, यह आवश्यक नहीं है कि पुस्तक में उल्लिखित परिणाम हर भौगोलिक क्षेत्र में पूरी तरह से समान हों।
- **विशेषज्ञ की सलाह (Expert Advice):** किसी भी नए उर्वरक (Fertilizer), कीटनाशक (Pesticide), वृद्धि नियामक (Growth regulator) या फफूंदनाशक (Fungicide) का अपने बागों में व्यावसायिक स्तर पर प्रयोग करने से पहले, किसानों को **स्थानीय कृषि विज्ञान केंद्र (KVK)** या **कृषि विशेषज्ञों (Agricultural experts)** से क्षेत्र-विशिष्ट (Location-

specific) सलाह अवश्य लेनी चाहिए।

- **रसायन का सुरक्षित उपयोग (Safe use of Chemicals):** कृषि रसायनों (Agrochemicals) का प्रयोग हमेशा **अनुशंसित मात्रा (Recommended dose)** में ही करें। रसायनों के मिश्रण और छिड़काव के समय आवश्यक व्यक्तिगत सुरक्षा उपकरणों (Personal protective equipment - PPE) का उपयोग अनिवार्य रूप से करें।
- **उत्तरदायित्व से मुक्ति (Limitation of Liability):लेखक (Author), संपादक (Editor) और प्रकाशक (Publisher)** इस पुस्तक में दी गई जानकारी, रसायनों, या तकनीकों के उपयोग से होने वाले किसी भी प्रकार के प्रत्यक्ष या अप्रत्यक्ष फसल नुकसान (Direct or indirect crop loss), आर्थिक क्षति (Financial damage), या पर्यावरण पर पड़ने वाले किसी प्रतिकूल प्रभाव (Adverse effect) के लिए **कानूनी या नैतिक रूप से उत्तरदायी (Legally or morally liable) नहीं होंगे।** पाठक पुस्तक में दी गई जानकारियों का उपयोग पूरी तरह से अपने **विवेक (Discretion)** और **स्वयं के जोखिम (Own risk)** पर करें।

डॉ. एस. के. त्यागी

1

परिचय

परिचय (Introduction)

मिर्च (chilli) भारत की प्रमुख मसाला फसल है। इसका उपयोग हरी एवं लाल दोनों अवस्थाओं में उपयोग किया जाता है। मिर्च में तीखापन इसमें पाये जाने अवयव **कैप्सेसिन (Capsaicin)** के कारण होता है। माना जाता है कि **कैरोलिना रीपर (Carolina Reaper)** दुनिया की सबसे तीखी मिर्च है। इसमें लगभग 2,200,000 स्कोविल हीट यूनिट (SHU) होती है। **भूत जोलोकिया (Bhut Jolikia)** को भारत की सबसे तीखी मिर्च माना गया गया है। इसे 'घोस्ट पेपर' के नाम से भी जाना जाता है, इसकी खेती अरुणाचल प्रदेश, असम, नागालैंड और मणिपुर में की जाती है। मिर्च का लाल रंग **कैप्सैन्थिन (Capsanthin)** नामक यौगिक के कारण होता है। मिर्च के फल में एक आवश्यक तेल **ओलियोरेसिन (Oleoresin)** होता है जिसका उपयोग दवा, खाद्य और पेय उद्योगों में मूल्य वर्धित उत्पादों को तैयार करने के लिए किया जाता है। मिर्च का उपयोग मसाला, चटनी, अचार एवं सॉस बनाने में किया जाता है। भारत विश्व में मिर्च का सबसे बड़ा उत्पादक, उपभोक्ता एवं निर्यातक देश है। भारत में 965.61 हजार हेक्टेयर में मिर्च की खेती की जाती है, जिससे 2909.84 हजार मीट्रिक टन उत्पादन प्राप्त होता है। भारत मे मिर्च की औसत उत्पादकता 3.01 मीट्रिक टन प्रति हेक्टेयर (2023-24) है। (**हॉर्टिकल्चरल स्टेटिस्टिक्स एट ए ग्लांस**

2024)।भारत में आंध्र प्रदेश, कर्नाटक, पश्चिम बंगाल, मध्य प्रदेश एवं ओडिशा प्रमुख मिर्च उत्पादक राज्य हैं।

उद्‌भव एवं वितरण (Origin and Distribution)

मिर्च का **उद्‌भव (Origin) उष्णकटिबंधीय अमेरिका (Tropical America)**, विशेष रूप से पेरू (Peru) और मेक्सिको (Mexico) के क्षेत्रों में माना जाता है। वानस्पतिक दृष्टिकोण से यह **सोलेनेसी कुल (Solanaceae family)** के **कैप्सिकम वंश (Capsicum genus)** से संबंधित एक अत्यंत महत्वपूर्ण व्यावसायिक फसल है। भारत में मिर्च का आगमन **15वीं-16वीं शताब्दी में पुर्तगालियों (Portuguese)** द्‌वारा गोवा के तटों के माध्यम से हुआ था, जिसके बाद इसका तेजी से पूरे भारतीय उपमहाद्‌वीप में **वितरण (Distribution)** हुआ। आज **भारत विश्व में मिर्च का सबसे बड़ा उत्पादक, उपभोक्ता और निर्यातक (Largest producer, consumer and exporter)** राष्ट्र बन चुका है। इसकी खेती मुख्य रूप से **उष्णकटिबंधीय एवं उपोष्णकटिबंधीय जलवायु (Tropical and subtropical climate)** वाले क्षेत्रों में सफलतापूर्वक की जाती है। भारत के भीतर इसके वितरण को देखें तो **आंध्र प्रदेश (Andhra Pradesh), तेलंगाना (Telangana), कर्नाटक (Karnataka), महाराष्ट्र (Maharashtra), मध्य प्रदेश (Madhya Pradesh) और तमिलनाडु (Tamil Nadu)** इसके प्रमुख उत्पादक राज्य (Major producing states) हैं, जो देश के कुल उत्पादन में सर्वाधिक योगदान देते हैं। मिर्च में मौजूद तीखापन **कैप्साइसिन (Capsaicin)** नामक रसायन और इसका लाल रंग **कैप्सान्थिन (Capsanthin)** वर्णक (Pigment) के कारण होता है, जो इसकी वैश्विक मांग और विविध जलवायु अनुकूलन (Diverse climate adaptation) को और अधिक बढ़ाता है।

पोषकीय महत्व (Nutritional Importance)

मिर्च का **पोषकीय महत्व (Nutritional Importance)** अत्यधिक है क्योंकि यह **विटामिन (Vitamins)** और **खनिजों (Minerals)** का एक उत्कृष्ट प्राकृतिक स्रोत है। ताजी हरी मिर्च विशेष रूप से **विटामिन सी (Vitamin C) या एस्कॉर्बिक एसिड (Ascorbic acid)** का अत्यंत

प्रचुर स्रोत होती है, जो शरीर की **रोग प्रतिरोधक क्षमता** (Immunity) को सुदृढ़ करने में महत्वपूर्ण भूमिका निभाती है; जबकि पकने के बाद लाल मिर्च में **विटामिन ए** (Vitamin A) **या बीटा-कैरोटीन** (Beta-carotene) का स्तर काफी बढ़ जाता है, जो दृष्टि और त्वचा के स्वास्थ्य के लिए अत्यंत लाभदायक है। इसके अतिरिक्त, मिर्च में **विटामिन ई** (Vitamin E), **थायमिन** (Thiamine), **राइबोफ्लेविन** (Riboflavin), और **नियासिन** (Niacin) के साथ-साथ **पोटेशियम** (Potassium), **कैल्शियम** (Calcium), **फास्फोरस** (Phosphorus), और **लौह तत्व** (Iron) जैसे आवश्यक खनिज भी पर्याप्त मात्रा में पाए जाते हैं। मिर्च में पाया जाने वाला तीखापन इसके प्रमुख **एल्केलॉइड** (Alkaloid) रसायन **कैप्साइसिन** (Capsaicin) के कारण होता है, जो केवल गैस्ट्रिक रस के स्राव को बढ़ाकर पाचन को उद्‌दीपित ही नहीं करता, बल्कि इसके दर्द **निवारक** (Analgesic) और **सूजनरोधी** (Anti-inflammatory) औषधीय गुणों के लिए भी चिकित्सा क्षेत्र में इसका व्यापक उपयोग होता है। वहीं, लाल मिर्च का गहरा लाल रंग **कैप्सान्थिन** (Capsanthin) नामक **वर्णक** (Pigment) की उपस्थिति के कारण होता है, जो एक बहुत ही शक्तिशाली **एंटीऑक्सीडेंट** (Antioxidant) के रूप में कार्य करता है और शरीर की कोशिकाओं को हानिकारक **मुक्त कणों** (Free radicals) से होने वाले नुकसान से बचाता है।

प्रमुख सक्रिय रासायनिक यौगिक (Major Active Chemical Compounds)

1. **कैप्साइसिन** (Capsaicin) **और तीखापन** (Pungency) मिर्च में तीखेपन का निर्धारण कैप्साइसिन द्‌वारा होता है। कैप्साइसिन काIUPAC नाम **8-methyl-*N*-vanillyl-6-nonenamide** जिसका रासायनिक सूत्र $C_{18}H_{27}NO_3$ होता है, जिसे अंतरराष्ट्रीय बाजार में स्कोविल हीट यूनिट्‌स (Scoville Heat Units - SHU) में मापा जाता है। निर्यात के लिए उपयोग होने वाली सामान्य भारतीय किस्मों (जैसे गुंटूर सन्नम) का तीखापन **35,000 से 40,000** SHU के बीच होता है, जबकि अत्यधिक तीखी किस्मों (जैसे भूत जोलोकिया) का

मान 1,000,000 SHU से भी अधिक दर्ज किया जाता है। रासायनिक सघनता (Chemical concentration) के आधार पर इसे 0.1% से 2.0% (w/w) या मिलीग्राम प्रति ग्राम (mg/g) में भी व्यक्त किया जाता है।

2. कैप्सान्थिन (Capsanthin) और रंग मान (Color Value) सूखी लाल मिर्च के प्राकृतिक लाल रंग की गुणवत्ता और तीव्रता को अमेरिकी मसाला व्यापार संघ (American Spice Trade Association) द्वारा निर्धारित **एएसटीए रंग मान (ASTA Color Value)** में मापा जाता है। मसाला उद्योग और ओलिओरेसिन निष्कर्षण के लिए उत्कृष्ट मानी जाने वाली उच्च रंग वाली किस्मों (जैसे ब्याडगी मिर्च) का मान **150 से 160 ASTA** तक होता है, जबकि सामान्य किस्मों का रंग मान **30 से 50 ASTA** के बीच होता है। कुल शुष्क भार (Total dry weight) के आधार पर कैप्सान्थिन वर्णकों की मात्रा 0.1% से 0.5% तक होती है।

3. बीटा-कैरोटीन या विटामिन ए (Beta-carotene or Vitamin A) लाल मिर्च में मौजूद प्रो-विटामिन ए (Pro-vitamin A) को अंतरराष्ट्रीय स्तर पर **अंतर्राष्ट्रीय इकाई (International Units - IU)** में मापा जाता है। सूखी लाल मिर्च में इसकी मात्रा **10,000 से 12,000 IU प्रति 100 ग्राम (10,000 - 12,000 IU/100g)** होती है, जो इसे विटामिन ए का एक अत्यंत समृद्ध प्राकृतिक स्रोत बनाती है। इसे माइक्रोग्राम में लगभग **345 से 410 µg/100g** मापा जाता है।

4. एस्कॉर्बिक एसिड या विटामिन सी (Ascorbic Acid or Vitamin C) हरी मिर्च में प्रचुर मात्रा में पाए जाने वाले विटामिन सी को **मिलीग्राम प्रति 100 ग्राम (mg/100g)** में मापा जाता है। ताजी हरी मिर्च के खाद्य हिस्से में इसकी औसत मात्रा **111 मिलीग्राम प्रति 100 ग्राम (111 mg/100g)** निर्धारित की गई है।

5. ओलिओरेसिन और बीज का तेल (Oleoresin and Seed Oil) ओलिओरेसिन (रंग और तीखेपन का सांद्रित अर्क) और बीजों से प्राप्त होने वाले वसीय तेल (Fatty oil) की मात्रा को **प्रतिशत भार (Percentage by weight - % w/w)** में मापा जाता है। व्यावसायिक

निष्कर्षण (Commercial extraction) **में सूखी लाल मिर्च से 10% से 15% (w/w) ओलिओरेसिन (Oleoresin)** और प्रसंस्करण उपरांत बचे अपशिष्ट बीजों **से 20% से 25% (w/w) स्थिर तेल (Fixed oil)** प्राप्त होता है।

2

विश्व के प्रमुख बाजार एवं मांग

विश्व के प्रमुख बाजार एवं मांग (Major Global Markets and Demand)

मिर्च का **वैश्विक बाजार (Global Market)** अत्यंत विशाल है, जिसमें **भारत (India) दुनिया का सबसे बड़ा उत्पादक (Largest producer), उपभोक्ता (Consumer) और निर्यातक (Exporter)** राष्ट्र है। ऍफ़एओ (FAO) की रिपोर्ट दर्शाती है कि वैश्विक मिर्च उत्पादन और व्यापार में **एशियाई देशों (Asian countries)**, विशेषकर भारत, चीन, इंडोनेशिया और पाकिस्तान का सबसे बड़ा योगदान है। एपीडा (APEDA) के नवीनतम निर्यात डेटा (Export data) के अनुसार, भारतीय मिर्च—जिसमें सूखी लाल मिर्च (Dry red chilli) और ताजी हरी मिर्च (Fresh green chilli) दोनों शामिल हैं—की सर्वाधिक मांग **(Demand)वियतनाम (Vietnam), संयुक्त राज्य अमेरिका (USA), संयुक्त अरब अमीरात (UAE), मलेशिया (Malaysia), सऊदी अरब (Saudi Arabia), यूनाइटेड किंगडम (UK) और यूरोपीय संघ (European Union) जैसे प्रमुख आयातक देशों (Major importing countries)** में है। अंतर्राष्ट्रीय बाजार में भारतीय मिर्च की इस भारी मांग का मुख्य कारण इसके **तीखेपन (Pungency)** के

लिए उत्तरदायी रसायन **कैप्साइसिन (Capsaicin)** और प्राकृतिक रंग निष्कर्षण (Natural color extraction) के लिए उपयोग होने वाले **ओलिओरेसिन (Oleoresin)** या कैप्सान्थिन (Capsanthin) की उच्च गुणवत्ता है, जिनका उपयोग बड़े पैमाने पर **खाद्य प्रसंस्करण (Food processing)**, मसाला उद्योग (Spice industry) और **औषधीय उद्योग (Pharmaceutical industry)** में होता है। विकसित देशों, विशेषकर यूरोपीय संघ (EU) और अमेरिका के बाजारों में मिर्च का निर्यात करने के लिए **गुणवत्ता मानकों (Quality standards)** और **फाइटोसैनिटरी आवश्यकताओं (Phytosanitary requirements)** का कड़ाई से पालन करना अनिवार्य है; इसी कारण एपीडा (APEDA) ने निर्यात में **कीटनाशक अवशेषों (Pesticide residues)** की निगरानी के लिए **Veg.Net** और **Tracenet** जैसी डिजिटल **अनुरेखण प्रणाली (Traceability system)** को अनिवार्य किया है, ताकि अंतर्राष्ट्रीय मांग को सुरक्षित और निर्बाध रूप से पूरा किया जा सके।

3

वानस्पतिक विवरण

वानस्पतिक विवरण (Botanical discription)

मिर्च का वानस्पतिक नाम ***कैप्सिकम एनम*** एल.**(*Capsicum annuum* L.)** है। यह सोलेनेसी (Solanaceae) कुल के अंतर्गत आती है। मिर्च की पांच घरेलू प्रजातियां हैं, जैसे ***कैप्सिकम एनम*** एल. (*Capsicum annuum* L.), ***कैप्सिकम फ्रूटसेन्स*** एल. (*Capsicum frutescens* L.), ***कैप्सिकम चिनेंस*** जैक. (*Capsicum chinense* Jaq.), ***कैप्सिकम बैकेटम*** एल. Capsicum baccatum L.), और ***कैप्सिकम प्यूब्सेंस*** एल. (*Capsicum pubescens* L.) हैं । ***कैप्सिकम एनम*** एल. (*Capsicum annuum* L.), ***कैप्सिकम फ्रूटसेन्स*** एल. (*Capsicum frutescens* L.), ***कैप्सिकम चिनेंस*** जैक. (*Capsicum chinense* Jaq.), ***कैप्सिकम बैकेटम*** एल. (*Capsicum baccatum* L.), के फूल सफेद रंग के होते हैं। जबकि ***कैप्सिकम प्यूब्सेंस*** एल. के फूल बैंगनी रंग के होते हैं। विश्व में ***कैप्सिकम*** जीनस की 5 प्रजातियों की खेती की जाती है। भारत में प्रमुख रूप से ***कैप्सिकम एनम*** एल. की खेती इसके तीखेपन के कारण की जाती है (मिर्च Syn. तीखी मिर्च) और बिना -तीखे (स्वीट पेपर Syn. शिमला मिर्च, बेल मिर्च)। ***कैप्सिकम फ्रूटसेन्स*** एल. (*Capsicum frutescens* L.), ***कैप्सिकम चिनेंस*** जैक. (*Capsicum chinense* Jaq.), ***कैप्सिकम बैकेटम*** एल. (*Capsicum baccatum* L.), की खेती आमतौर पर विभिन्न क्षेत्रों में होमस्टेड बागवानी तक ही सीमित है। वानस्पतिक

रूप से यह एक **शाकीय (Herbaceous)** या अर्ध-काष्ठीय (Semi-woody), सीधा (Erect) और बहु-शाखित (Highly branched) पौधा है, जिसे व्यावसायिक कृषि में मुख्य रूप से एकवर्षीय फसल (Annual crop) के रूप में उगाया जाता है। पौधे के विकास के दौरान इसमें एक सुदृढ़ **मूसला जड़ प्रणाली (Taproot system)** विकसित होती है। इसकी पत्तियाँ सरल (Simple), एकांतर (Alternate), अनुपर्ण रहित (Exstipulate) और आकार में अंडाकार से भालाकार (Ovate to lanceolate) होती हैं। मिर्च के फूल कक्षस्थ (Axillary), पूर्ण (Complete), त्रिज्यासममित (Actinomorphic) और **उभयलिंगी (Bisexual/Hermaphrodite)** होते हैं, जो या तो अकेले या गुच्छों (Clusters) में निकलते हैं और इनका दलपुंज (Corolla) प्रायः सफेद या हल्का हरा तथा चक्राकार (Rotate) होता है। प्रजनन (Reproduction) के दृष्टिकोण से मिर्च एक **बहुधा पर-परागित फसल (Often cross-pollinated crop)** है, जिसमें मधुमक्खियों और अन्य कीटों (Insects) द्वारा प्राकृतिक परागण (Natural pollination) होता है। वानस्पतिक विज्ञान में मिर्च का फल एक **सरस फल या बेरी (Berry)** कहलाता है, जो पौधे की किस्म (Variety) के आधार पर सीधा (Erect) या नीचे की ओर लटकता हुआ (Pendulous) हो सकता है; फल के अंदर चपटे और डिस्क के आकार (Discoid) के बीज एक मांसल बीजांडासन (Fleshy placenta) से मजबूती से जुड़े होते हैं, और यही वह स्थान है जहाँ मिर्च में तीखापन पैदा करने वाले प्रमुख रसायन **कैप्साइसिन (Capsaicin)** का सर्वाधिक संचय (Accumulation) होता है।

4

पुष्पीय आकारिकी एवं परागण क्रियाविधि

पुष्पीय आकारिकी एवं परागण क्रियाविधि (Floral Morphology and Pollination Mechanism)

मिर्च के फूल कक्षस्थ ससीमाक्ष (Axillary cyme) प्रकार के होते हैं, जो प्रायः तने की संधियों (Nodes) पर **अकेले (Solitary)** या **गुच्छों (Clusters)** में निकलते हैं। इसके पुष्प (Flowers) **पूर्ण (Complete), द्विलिंगी (Hermaphrodite),** एवं **त्रिज्या सममित (Actinomorphic)** होते हैं। बाह्यदल पुंज (Calyx) में 5 बाह्यदल होते हैं जो **चिरलग्न (Persistent)** प्रकृति के होते हैं, अर्थात ये फल (Berry) के विकसित होने के बाद भी उसके डंठल से मजबूती से जुड़े रहते हैं। दल पुंज (Corolla) में 5 ताराकार (Stellate) सफेद या हरे-सफेद दल (Petals) होते हैं। पुमंग (Androecium) में 5 दललग्न पुंकेसर (Epipetalous stamens) होते हैं जिनके परागकोष (Anthers) प्रायः **नीले-बैंगनी (Bluish-purple)** रंग के होते हैं तथा इनमें लंबवत स्फुटन (Longitudinal dehiscence) होता है। जायांग

(Gynoecium) द्विव-अंडपी (Bicarpellary) तथा **ऊर्ध्ववर्ती अंडाशय (Superior ovary)** वाला होता है, जिसमें स्तंभीय बीजांडन्यास (Axile placentation) और एक फूला हुआ मुग्दराकार वर्तिकाग्र (Capitate stigma) पाया जाता है।

मिर्च में **पुष्पन (Anthesis)** का मुख्य समय प्रायः **सुबह 5:00 से 10:00 बजे** के बीच होता है, जबकि परागकोष स्फुटन (Anther dehiscence) **सुबह 8:00 से 11:00 बजे** के मध्य होता है। वर्तिकाग्र ग्रहणशीलता (Stigma receptivity) फूल खिलने के दिन (Day of anthesis) सर्वाधिक होती है। यद्यपि मिर्च मुख्य रूप से एक स्व-परागित (Self-pollinated) फसल है, लेकिन इसके फूलों की संरचना कीटों को आकर्षित करती है जिसके परिणामस्वरूप इसमें प्राकृतिक रूप से सामान्यतः 7% से 36% (विशिष्ट परिस्थितियों में अधिकतम 68% तक) पर-परागण (Cross-pollination) पाया जाता है। इसी उच्च पर-परागण दर के कारण आईसीएआर (ICAR) द्वारा इसे **बहुधा पर-परागित फसल (Often cross-pollinated crop)** के अंतर्गत वर्गीकृत किया गया है। मिर्च में यह प्राकृतिक पर-परागण **कीटों (Insects)** द्वारा होता है, जिसे कीट परागण (Entomophily) कहा जाता है। इस प्रक्रिया में **मधुमक्खियाँ (Honey bees)** सबसे प्रमुख परागण कर्ता (Pollinating agent) की भूमिका निभाती हैं, जो आनुवंशिक विविधता (Genetic diversity) को बढ़ावा देते हैं।

5

कोशिका आनुवंशिकी

कोशिका आनुवंशिकी (Cytogenetics)

मिर्च (***कैप्सिकम एन्युम - Capsicum annuum L.***) की **कोशिका आनुवंशिकी (Cytogenetics)** का अध्ययन मुख्य रूप से इसके **द्विगुणित (Diploid)** स्वभाव को स्पष्ट करता है, जिसमें **मूल गुणसूत्र संख्या (Basic chromosome number) x = 12** तथा **कायिक या द्विगुणित गुणसूत्र संख्या (Somatic or Diploid chromosome number) 2n = 24** होती है, जो कि ***सोलेनेसी (Solanaceae)*** कुल के अधिकांश पौधों की प्रमुख विशेषता है। इसके **गुणसूत्रप्रारूप (Karyotype)** के विश्लेषण से यह ज्ञात होता है कि इसके अधिकांश गुणसूत्र (Chromosomes) संरचनात्मक रूप से **मध्यकेंद्री (Metacentric)** और **उप-मध्यकेंद्री (Sub-metacentric)** प्रकार के होते हैं, जो इसके विशाल जीनोम (Genome) की विकासात्मक स्थिरता (Evolutionary stability) को दर्शाते हैं। कोशिका आनुवंशिक अनुसंधानों (Cytogenetic researches) के अंतर्गत मिर्च में **अंतर-विशिष्ट संकरण (Interspecific hybridization)** का अत्यधिक कृषि महत्व है, जिसका उपयोग जंगली प्रजातियों (Wild species) से **रोग एवं कीट प्रतिरोधक जीन (Disease and pest resistant genes)** को व्यावसायिक किस्मों (Commercial varieties) में सफलतापूर्वक स्थानांतरित करने के लिए किया जाता

है। आधुनिक कोशिका आनुवंशिकी में **कोशिकाद्रव्यी आनुवंशिक नर बंध्यता (Cytoplasmic Genic Male Sterility - CGMS)** की खोज एक युगांतरकारी उपलब्धि है; यह एक ऐसी जटिल आनुवंशिक प्रणाली है जिसमें **मातृ कोशिकाद्रव्य (Maternal cytoplasm)** और **नाभिकीय जीन (Nuclear genes)** की अंतःक्रिया (Interaction) के कारण परागकण (Pollen grains) बाँझ (Sterile) हो जाते हैं। इस CGMS **प्रणाली (CGMS system)** का व्यावसायिक स्तर पर सबसे व्यापक उपयोग मिर्च का **संकर बीज उत्पादन (Hybrid seed production)** अत्यंत कम लागत और **उच्च आनुवंशिक शुद्धता (High genetic purity)** के साथ करने के लिए किया जाता है, जिसने वैश्विक स्तर पर मिर्च की उत्पादकता (Productivity) में अभूतपूर्व वृद्धि की है।

6

फसल सुधार

फसल सुधार (Crop Improvements)

मिर्च (***कैप्सिकम एन्युम - Capsicum annuum L.***) में **फसल सुधार (Crop improvement)** एक बहुआयामी प्रक्रिया है, जिसका मुख्य उद्देश्य उच्च उपज, गुणवत्ता, और विभिन्न प्रकार के जैविक (Biotic) तथा अजैविक (Abiotic) प्रतिबलों (Stresses) के प्रति सहनशील किस्मों का विकास करना है।

जैविक एवं अजैविक प्रतिबल प्रतिरोधकता (Biotic and Abiotic Stress Resistance)

मिर्च की फसल में कीटों, रोगों और पर्यावरणीय चुनौतियों से निपटने के लिए **जंगली प्रजातियों (Wild species)** का सफलतापूर्वक उपयोग किया जाता है।

- **कीट एवं रोग प्रतिरोधकता (Insect and Disease Resistance):** मिर्च की खेती में सबसे बड़ी बाधा पत्ती मरोड़ विषाणु **(Leaf Curl Virus - ChLCV)**, एन्थ्रेक्नोज या फल सड़न **(Anthracnose or Fruit rot)** और जीवाणु मलानी **(Bacterial wilt)** हैं। फसल सुधार में एन्थ्रेक्नोज प्रतिरोधकता के लिए ***कैप्सिकम बैकेटम* (*Capsicum baccatum*)** और ***कैप्सिकम चाइनीज* (*Capsicum chinense*)** का व्यापक रूप से डोनर (Donor) के रूप में उपयोग

किया गया है। विषाणु प्रतिरोधकता (Virus resistance) के लिए ***कैप्सिकम चाकोएंस* (*Capsicum chacoense*)** और ***कैप्सिकम फ्रूटेंस* (*Capsicum frutescens*)** अत्यंत महत्वपूर्ण स्रोत हैं। थ्रिप्स (Thrips) और माइट्स (Mites) जैसे रस चूसने वाले कीटों (Sucking pests) के बचाव के लिए घने रोम (Trichomes) वाली प्रजातियों का चयन किया जाता है।

- **नेमाटोड प्रतिरोधकता (Nematode Resistance):**जड़-गांठ **नेमाटोड (Root-knot nematode - *Meloidogyne incognita*)** के प्रबंधन के लिए ***कैप्सिकम फ्रूटेंस* (*Capsicum frutescens*)** और कुछ विशिष्ट ***कैप्सिकम चाइनीज* (*Capsicum chinense*)** लाइनों (Lines) में उपस्थित **Me जीन्स (Me genes)** का स्थानांतरण व्यावसायिक किस्मों में किया गया है।
- **सूखा एवं जलमग्नता सहनशीलता (Drought and Waterlogging Tolerance):** अजैविक प्रतिबलों से निपटने के लिए सुदृढ़ **मूल तंत्र (Root system)** वाली प्रजातियों का चयन होता है। **जलमग्नता (Waterlogging)** से मिर्च के पौधे तेजी से नष्ट होते हैं; इससे बचाव के लिए ***कैप्सिकम बैकेटम* (*Capsicum baccatum*)** जैसी जलमग्नता-सहनशील (Waterlogging-tolerant) प्रजातियों का **मूलवृंत (Rootstock)** के रूप में उपयोग कर **ग्राफ्टिंग (Grafting)** तकनीक को वैज्ञानिक रूप से अत्यधिक कारगर पाया गया है। सूखे (Drought) से बचाव के लिए गहरी जड़ प्रणाली (Deep root system) और रंध्रों के प्रभावी नियंत्रण (Stomatal regulation) वाले आनुवंशिक स्रोतों (Genetic sources) का उपयोग किया जाता है।

प्रमुख पादप प्रजनन एवं आनुवंशिकी तकनीकें (Major Plant Breeding and Genetics Techniques)

मिर्च में आनुवंशिक सुधार (Genetic improvement) के लिए पारंपरिक और आधुनिक प्रजनन विधियों का समेकित उपयोग किया जाता है:

- **चयन एवं संकरण (Selection and Hybridization):** पारंपरिक रूप से मिर्च की उन्नत किस्में विकसित करने के लिए **शुद्ध वंशक्रम चयन (Pure Line Selection)** और **वंशावली विधि (Pedigree Method)** का सर्वाधिक उपयोग किया जाता है।
- **प्रतीप संकरण विधि (Backcross Method):** जंगली प्रजातियों से केवल रोग या कीट प्रतिरोधी जीन (Disease or pest resistant gene) को उच्च उपज वाली व्यावसायिक किस्मों (Commercial varieties) में स्थानांतरित करने के लिए इस तकनीक और **अंतर-विशिष्ट संकरण (Interspecific Hybridization)** का प्रमुखता से उपयोग होता है।
- **संकर ओज प्रजनन (Heterosis Breeding):** मिर्च की उत्पादकता को कई गुना बढ़ाने के लिए संकर (Hybrid) बीजों का विकास किया जाता है। इसमें **कोशिकाद्रव्यी आनुवंशिक नर बंध्यता (Cytoplasmic Genic Male Sterility - CGMS)** तकनीक एक क्रांतिकारी कदम है, जिसके माध्यम से **विपुंसन (Emasculation)** की श्रमसाध्य प्रक्रिया के बिना ही अत्यंत कम लागत में उच्च आनुवंशिक शुद्धता (High genetic purity) वाले संकर बीज व्यावसायिक स्तर पर तैयार किए जाते हैं।

फसल सुधार की नवीनतम तकनीकें (Latest Crop Improvement Techniques)

वर्तमान में जलवायु परिवर्तन (Climate change) की चुनौतियों और विशिष्ट उपभोक्ता मांगों को पूरा करने के लिए आईसीएआर (ICAR) द्वारा अत्याधुनिक **जैव प्रौद्योगिकी (Biotechnology)** का सहारा लिया जा रहा है:

- **चिह्न आधारित चयन (Marker-Assisted Selection - MAS):** इस आणविक तकनीक (Molecular technique) में **डीएनए मार्कर (DNA markers)** की सहायता से पौधे के अंकुरण (Germination) के समय ही वांछित जीन्स (Desired genes)

की उपस्थिति की पहचान कर ली जाती है। यह प्रजनन चक्र (Breeding cycle) की अवधि को आधा कर देता है और चयन की सटीकता को 100% तक बढ़ा देता है।

- **मात्रात्मक विशेषक लोकस मानचित्रण (Quantitative Trait Loci mapping - QTL mapping):** उपज, तीखापन (Pungency), फल का आकार और अजैविक सहनशीलता जैसे जटिल गुणों (Complex traits) को नियंत्रित करने वाले जीन्स के समूह (Set of genes) की सटीक पहचान इस तकनीक द्वारा की जाती है।
- **जीनोम संपादन (Genome Editing):क्रिस्पर-कैस9 (CRISPR/Cas9)** जैसी अत्याधुनिक तकनीक का उपयोग करके मिर्च के जीनोम (Genome) में अत्यंत सटीक व लक्षित बदलाव (Precise and targeted modifications) किए जा रहे हैं, ताकि बिना किसी बाहरी जीन (Foreign gene) को डाले भविष्य के लिए जलवायु-अनुकूल (Climate-resilient) और बहु-रोग प्रतिरोधी (Multi-disease resistant) किस्में विकसित की जा सकें।

7

जलवायु एवं मृदा

उपयुक्त जलवायु (Suitable climate)

मिर्च मुख्य रूप से एक **उष्णकटिबंधीय और उपोष्णकटिबंधीय (Tropical and Sub-tropical)** जलवायु की फसल है, जिसके सफल उत्पादन के लिए गर्म और आर्द्र मौसम सबसे उपयुक्त माना जाता है। बीजों के उचित अंकुरण और पौधों के स्वस्थ विकास के लिए आदर्श तापमान (Temperature) **20 से 25 डिग्री सेल्सियस** के बीच होना चाहिए। यह एक अत्यंत महत्वपूर्ण तथ्य है कि मिर्च की फसल **पाले (Frost)** के प्रति अत्यधिक संवेदनशील होती है, और **35 डिग्री सेल्सियस से अधिक तापमान** होने पर पौधों में **फूलों और फलों का गिरना (Flower and Fruit Drop)** शुरू हो जाता है, जिससे पैदावार में भारी कमी आती है। इस फसल की अच्छी वृद्धि के लिए औसतन **60 से 120 सेंटीमीटर वार्षिक वर्षा (Annual Rainfall)** आदर्श मानी जाती है, लेकिन फूल आने और फल बनने के दौरान शुष्क मौसम (Dry weather) की आवश्यकता होती है; लंबे समय तक भारी वर्षा या खेत में जलभराव की स्थिति पौधों में **सड़न (Rotting)** और **पत्तियों के झड़ने (Defoliation)** का कारण बन सकती है। इसके अतिरिक्त, फलों के समुचित विकास, अच्छे रंग और तीखेपन के लिए फसल को पर्याप्त **सूर्य के प्रकाश (Sunlight)** की आवश्यकता होती है, हालांकि प्रकाश अवधि के संदर्भ में यह एक **दिवस-निरपेक्ष पौधा (Day-neutral Plant)** है,

जिसे खरीफ और रबी दोनों मौसमों में उगाया जा सकता है।

मृदा का चयन (Selection of soil)

मिर्च की सफल खेती के लिए **जीवांश युक्त** (Organic matter-rich) और **उचित जल निकासी** (Well-drained) वाली **दोमट** (Loam), **बलुई दोमट** (Sandy Loam) या **चिकनी दोमट** (Clay Loam) मृदा सबसे उपयुक्त मानी जाती है। मिट्टी का **पीएच मान** (pH Value) 6.0 से 7.5 के बीच होना आदर्श होता है, जो यह दर्शाता है कि खेत की मिट्टी न तो अत्यधिक **अम्लीय** (Acidic) होनी चाहिए और न ही अत्यधिक **क्षारीय** (Alkaline)। **यह एक अत्यंत महत्वपूर्ण तथ्य है कि मिर्च का पौधा जलभराव (Waterlogging) के प्रति अत्यधिक संवेदनशील (Highly Sensitive) होता है**, इसलिए खेत में पानी रुकने से पौधों की जड़ों के सड़ने और उनमें **उकठा रोग** (Wilt Disease) लगने का भारी खतरा रहता है। वर्षा आधारित खेती के लिए **काली कपास मृदा** (Black Cotton Soil) को भी अच्छा माना जाता है, क्योंकि इसमें लंबे समय तक **नमी धारण क्षमता** (Moisture Holding Capacity) होती है। रोपाई से पहले खेत की गहरी जुताई (Ploughing) करके मिट्टी को अच्छी तरह से भुरभुरा (Friable) और समतल कर लेना चाहिए, ताकि पौधों की जड़ों का समुचित विकास हो सके और उच्च गुणवत्ता वाली पैदावार प्राप्त हो।

8

उन्नत किस्में

उन्नत किस्में (Improved varieties)

अर्का लोहित (Arka Lohit)

इस किस्म के फल कच्ची अवस्था में गहरे हरे रंग के एवं पकने पर गहरे लाल हो जाते हैं एवं अत्यधिक तीखे होते हैं। इस किस्म की औसत उपज 180-200 क्विंटल /हेक्टेयर (हरी मिर्च) या 35-40 क्विंटल/हेक्टेयर (सूखी मिर्च) है ।

अर्का सुफल (Arka Suphal)

इस किस्म के फल हरे, चिकने, मध्यम लंबे (6-7 सेमी x 1 सेमी), लटके हुए, पकने पर गहरे लाल रंग के हो जाते हैं। सिंचित और बारानी खेती के लिए उपयुक्त है । यह किस्म भभूतिया रोग के प्रति सहनशील है । इस किस्म की औसत उपज 180-200 क्विंटल /हेक्टेयर (हरी मिर्च) या 30-35 क्विंटल/हेक्टेयर (सूखी मिर्च) है।

अर्का आभीर (Arka Abhir)

यह किस्म द्‌यावन्नूर दुब्बा, जो धारवाड जिले के कुण्डलगु तहसील में उगाए जाने वाली स्थानीय ब्याडगी किस्म से शुद्‌ध वंश चयन है। पौधे ऊँचे, फल हल्के हरे और परिपक्व होने पर झुर्रियाँ सहित लाल होते हैं और ये कम तीखे होते हैं। उपज 160-180 दिनों में 20-25 क्विंटल /हेक्टेयर सूखी मिर्च है ।

काशी अनमोल (Kashi Anmol)

इस किस्म के पौधे दृढ़, बौने (60-70 सेमी) तने पर नोडल रंजकता के साथ होते हैं। फल आकर्षक हरे रंग के होते हैं। पहली तुड़ाई रोपाई के 55 दिन बाद शुरू होती है; उपज 200 क्विंटल/ हेक्टेयर (हरी मिर्च) है। यह किस्म पंजाब, उत्तर प्रदेश, बिहार और झारखंड के लिए अनुशंसित है।

पूसा ज्वाला (Pusa Jwala)

इस किस्म के पौधे बौने, झाड़ीदार, हल्के हरे रंग के; फल 9-10 सेमी लंबे, हल्के हरे, पके फल हल्के लाल, अत्यधिक तीखे होते हैं। यह किस्म थ्रिप्स औरमकड़ी के प्रति काफी सहिष्णु है। इस किस्म की औसत उपज 85 क्विंटल/हेक्टेयर (हरी) या 18 क्विंटल/हेक्टेयर (सूखी) है। यह किस्म पूरे भारत में उगाने के लिए अनुशंसित है।

पूसा सदाबहार (Pusa Sadabahar)

इस किस्म के पौधे खड़े, बारहमासी (2-3 वर्ष), 60-80 सेमी लम्बे; फल 6-8 सेमी लम्बे, 6-14 फल प्रति क्लस्टर के साथ गुच्छों में आते हैं, पके फल गहरे लाल, अत्यधिक तीखे होते हैं। यह किस्म सीएमवी, टीएमवी और लीफ कर्ल कॉम्प्लेक्स के प्रति अवरोधी पाई गई है। रोपाई के बाद 75-80 दिनों में पहली तुड़ाई की जा सकती है । इस किस्म की औसत उपज 95 क्विंटल/हेक्टेयर (हरी) या 20 क्विंटल/ हेक्टेयर (सूखी) है। यह किस्म पूरे भारत में उगाने के लिए अनुशंसित है।

संकर किस्में (Hybrids)

काशी अर्ली (Kashi Early)

इस संकर के पौधे 60-75 से.मी. लम्बे तथा छोटी गांठों वाले होते हैं। फल 7-8 से.मी. लम्बे, सीधे, 1 से.मी. मोटे तथा गहरे होते हैं। पौध रोपण के मात्र 45 दिनों में प्रथम तुड़ाई प्राप्त हो जाती है जो सामान्य संकर किस्मों से लगभग 10 दिनों पहले होती है। इस संकर के फलों की तुड़ाई 6-8 दिनों के अंतराल पर मिलती रहती है जिससे लगभग 10-12 तुडाई आसानी से ली जा सकती है। हरे फल का उत्पादन 300-350 क्विंटल / हेक्टेयर प्राप्त हो जाता है। इनकी फसल लम्बी अवधि तक चलती रहती है। यह संकर उत्तर प्रदेश, बिहार, मध्य प्रदेश, झारखंड, उत्तरांचल, कर्नाटक, दिल्ली, पंजाब, हरियाणा, आंध्र प्रदेश और छत्तीसगढ़ के लिए

अनुशंसित है।

काशी सुर्ख (Kashi Surkh)

इस संकर के पौधे लम्बी बढ़वार वाले होते हैं। पौधा लगभग 70-100 से.मी. लम्बा एवं सीधा होता है। फल 10-12 से.मी. लम्बे, हल्के हरे, सीधे तथा 1.5-1.8 से.मी. मोटे होते हैं। प्रथम तुड़ाई पौध रोपण के 50-55 दिनों बाद मिल जाती है। यह फल सूखे एवं लाल दोनों प्रकार के लिए उत्तम किस्म है। हरे फल का उत्पादन 240 क्विंटल/हेक्टेयर या लाल सूखी मिर्च का 40 क्विंटल/हेक्टेयर की दर से प्राप्त होता है। यह रस चूसक कीटों एवं विषाणु गुरचा से लगभग सहनशील संकर है। यह संकर किस्म पश्चिम बंगाल, असम, पंजाब, उत्तर प्रदेश के तराई क्षेत्र, बिहार, झारखंड, छत्तीसगढ़, उड़ीसा, अरुणाचल प्रदेश, राजस्थान, गुजरात और हरियाणा के लिए अनुशंसित है।

अर्का मेघना (Arka Meghana)

यह आईएचआर 3905 (सीजीएमएस) X आईएचआर 3310 के संकरण का एफ1 संकर है। यह एक अगेती संकर है, फल गहरे हरे और परिपक्व होने पर गहरे लाल होते हैं। यह किस्म मिर्च वेनल मोटल वायरस के प्रति सहनशील है। इस संकर की औसत उपज 200-250 क्विंटल प्रति हेक्टेयर (हरी मिर्च) या 50-60 क्विंटल प्रति हेक्टेयर (सूखी मिर्च) है। यह मुख्य मिर्च उत्पादक राज्यों लिए अनुशंसित है।

अर्का स्वेता (Arka Sweta)

यह आईएचआर 3903 (सीजीएमएस वंश) X आईएचआर 3315 के संकरण का एफ1 संकर है। फल 11-12 सेमी लम्बे एवं 1.2-1.5 सेमी चैड़े, चिकने, हल्के हरे रंग के पकने पर लाल रंग के होते हैं। यह संकर सिंचित अवस्था में खरीफ एवं रबी मौसम में लगाने के लिए उपयुक्त है। यह किस्म कुकुम्बर मोजेक वायरस रोग के प्रति सहनशील है। इसकी किस्म की औसत उपज हरी मिर्च 200-250 क्विंटल प्रति हेक्टेयर या सूखी मिर्च 50-60 क्विंटल प्रति हेक्टेयर है।

अर्का हरिता (Arka Harita)

यह आईएचआर 3905 (सीजीएमएस) X आईएचआर 3312 के संकरण का एफ1 संकर है। इस संकर के पौधे लम्बे एवं सीधी बढ़वार

वाले होते हैं। पत्तियां मध्यम आकार की, फल 6-8 से.मी. लम्बे, पतले, हरे रंग के तथा चरपरे होते हैं। पौध रोपण के 50-55 दिनों बाद प्रथम तुड़ाई प्राप्त हो जाती है। इसकी औसत उपज हरी मिर्च 200-250 क्विंटल प्रति हेक्टेयर या सूखी मिर्च 50-60 क्विंटल प्रति हेक्टेयर है। हरे फल उत्पादन के लिए एक उत्तम किस्म है। यह किस्म भभूतीया और मिर्च वेनल मोटल वायरस के प्रति सहनशील है। यह संकर किस्म कर्नाटक के लिए अनुशंसित है।

अर्का ख्याति (Arka Khyati)

यह सीएमएस आधारित उच्च उपज वाला और ताज़ा बेचने के लिए विकसित एफ1 संकर है। फल 12 X 1 से.मी. आकार के, हल्के हरे और परिपक्व होने पर गहरा लाल, मध्यम तीखा, चिकना और सुखाने पर झुर्रीदार होते हैं। यह किस्म कुकुम्बर मोजेक वायरस रोग के प्रति सहनशील है। इसकी औसत उपज हरी मिर्च 200-250 क्विंटल प्रति हेक्टेयर या सूखी मिर्च 50-60 क्विंटल प्रति हेक्टेयर है।

अर्का गगन (Arka Gagan)

इस संकर के पौधे लम्बे और फैलने वाले, फल खड़े (Erect) होते हैं, फल 7.5-8.5 x 1-1.1 सेमी आकार के दृढ़, अत्यधिक तीखा (1-1.2 लाख SHU), रंग हरा, मध्यम झुर्रीदार होते हैं । यह संकर किस्म मिर्च लीफ कर्ल विषाणु (ChLCV) के लिए सहनशील है। इस संकर की औसत उपज क्षमता 200-250 क्विंटल हरी मिर्च प्रति हेक्टेयर है । यह किस्म कर्नाटक के पूर्वी शुष्क क्षेत्र के लिए अनुशंसित है।

अर्का तन्वी (Arka Tanvi)

इस संकर के पौधे लम्बे और फैलने वाले, फल लटके हुए, 9-10 x 1-1.1 सेमी आकार के, मध्यम तीखे (60000-65,000 SHU), हरे और परिपक्व होने पर गहरे लाल (90-100 ASTA), सूखने पर झुर्रीदार होते हैं। यह संकर किस्म मिर्च लीफ कर्ल विषाणु (ChLCV) के लिए सहनशील है। इस संकर की औसत उपज क्षमता 200-250 क्विंटल हरी मिर्च प्रति हेक्टेयर या सूखी मिर्च 60-70 क्विंटल प्रति हेक्टेयर है। यह किस्म कर्नाटक के पूर्वी शुष्क क्षेत्र के लिए अनुशंसित है।

अर्का सानवी (Arka Saanvi)

यह संकर किस्म हरे एवं लाल फल दोनों के खेती के लिए उपयुक्त है। इस संकर का पौधा मध्यम लम्बा और फैला हुआ, फल लटकता हुआ, 7-8 x 1-1.2 सेमी आकार के, मध्यम तीखा (50000-60,000 SHU), हरा और पकने पर लाल हो जाता है (80-90 ASTA) परिपक्वता पर, मध्यम झुर्रीदार होता है। यह मिर्च लीफ कर्ल विषाणु (ChLCV) के लिए सहनशील है । इस संकर किस्म की औसत उपज क्षमता 200-250 क्विंटल हरी मिर्च प्रति हेक्टेयर या सूखी मिर्च 60-70 क्विंटल प्रति हेक्टेयर है। यह किस्म कर्नाटक के पूर्वी शुष्क क्षेत्र के लिए अनुशंसित है।

अर्का यशस्वी (Arka Yashasvi)

यह संकर किस्म लाल सूखी मिर्च की खेती के लिए उपयुक्त है। इस संकर के पौधे लम्बे और फैलने वाले, फल लटके हुए, 9-10 x 1.2-1.4 सेमी आकार के, मध्यम तीखे (40000-50000 SHU), हरे और परिपक्वता पर गहरे लाल (90-100 ASTA), मध्यम झुर्रीदार होते हैं। यह किस्म मिर्च लीफ कर्ल विषाणु (ChLCV) के लिए सहनशील है। इस संकर की औसत उपज क्षमता 75-85 क्विंटल लाल सूखी मिर्च प्रति हेक्टेयर है ।यह किस्म कर्नाटक के पूर्वी शुष्क क्षेत्र के लिए अनुशंसित है।

अर्का तेजस्वी (Arka Tejasvi)

यह संकर छोटी लाल सूखी मिर्च (तेजा) की खेती के लिए उपयुक्त है। इस संकर के पौधे मध्यम लम्बे और फैले हुए होते हैं, फल लटकते हैं, 7-8 x 1-1.1 सेमी आकार के, अत्यधिक तीखे (90000-95000 SHU), हरे और पकने पर गहरे लाल हो जाते हैं (90-100 ASTA) परिपक्वता पर फल मध्यम झुर्रीदार होते हैं ।यह किस्म मिर्च लीफ कर्ल विषाणु (ChLCV) के लिए सहनशील है । इस संकर किस्म की औसत उपज क्षमता 75-85 क्विंटल लाल सूखी मिर्च प्रति हेक्टेयर है ।

9

उत्पादन तकनीक

खेत की तैयारी (Field prepration)

रबी फसल की कटाई के बाद अपैल माह में मिट्टी पलटने वाले हल से गहरी जुताई करें। इसके एक माह बाद रोटावेटर या कल्टीवेटर चलाकर खेत को तैयार करें। ढेला रहित और भुरभुरी मिट्टी वाले खेत मिर्च के लिये उत्तम होते हैं। खेत में पानी भरने से मिर्च की फसल पर प्रतिकूल प्रभाव पड़ता है अत: अधिक उत्पादन के लिये खेत में जल निकास की व्यवस्था करना आवश्यक होता है। यदि मिर्च में ड्रिप सिंचाई का उपयोग करना हो तो रोपाई के लिए120 सेमी के अंतराल पर 60 सेमी चौड़ी एवं 15 सेमी ऊँची बेड्स तैयार करें।

नर्सरी प्रबंधन (Nursery management)

मिर्च की ओपी किस्मों के लिए 500 ग्राम बीज प्रति हेक्टेयर एवं संकर किस्मों के लिए 250 ग्राम बीज प्रति हेक्टेयर की आवश्यकता होती है।मिर्च की अच्छी उपज के लिए स्वस्थ पौध तैयार करना अति आवश्यक होता है। मिर्च की पौध **40-50 मेश की कीट अवरोधक नेट** के अंदर तैयार करें। मिर्च की पौध तैयार करने के लिए ऐसे स्थान का चुनाव करें जहाँ पर पर्याप्त मात्रा में धूप आती हो तथा बीजों की बुवाई 3x1 मीटर आकार की भूमि से 10 सेमी ऊँची उठी क्यारी में करें। मिर्च की पौधशाला की तैयारी के समय 50 ग्राम *ट्राइकोडर्मा विरडी* को 3 किलोग्राम पूर्णतया सड़ी हुई गोबर की खाद में मिलाकर प्रति 3 वर्ग

मीटर क्षेत्र में मिट्टी में मिलाऐं। बीज को बुवाई के पूर्व मेटालेक्सिल- एम 31.8% ईएस 2 मिली प्रति किलोग्राम बीज की दर से उपचारित करें। इसके उपरान्त इमिडाक्लोप्रिड 70% डब्ल्यूएस 10 ग्राम प्रति किलोग्राम बीज की दर से बीजोपचार करें। इसके बाद क्यारी में 5 सेमी की दूरी पर 0.5-1 सेमी गहरी नालियाँ बनाकर बीज बुवाई करें। नियमित रूप से सुबह एवं शाम के समय हल्की सिंचाईं करें। बीज बुआई के 15 दिन बाद इमिडाक्लोप्रीड 17.8% एसएल 0.25 मिली प्रति लीटर पानी में घोलकर छिडकाव करें। मिर्च की पौध बुआई के 35 से 40 दिन बाद रोपाई के लिए तैयार हो जाती है।

प्रो- ट्रे में पौध तैयार करने की तकनीक (Seedlings raising techniques in pro-trays)

मिर्च की पौध **40-50 मेश की कीट अवरोधक नेट** के अंदर तैयार करें। पौध तैयार करने के लिए मुख्य रूप से कोकोपीट, वर्मीक्यूलाइट और परलाईट (3:1:1) का व्यावसायिक रूप से उपयोग किया जा रहा है। सबसे पहले प्रो ट्रे (Pro-trays) को कोकोपीट, वर्मीक्यूलाइट और परलाईट (3:1:1) से भर दें। बुवाई के बीज को पूर्व मेटालेक्सिल- एम् 31.8% ईएस 2 मिली प्रति किलोग्राम बीज की दर से उपचारित करें इसके उपरान्त इमिडाक्लोप्रिड 70% डब्ल्यूएस 10 ग्राम प्रति किलोग्राम बीज की दर से बीजोपचार करें। इसके बाद ट्रे के कोश के बीच मे 0.5 सेमी गहरा छिद्र बनाकर एक बीज एक छिद्र में बोयें इसके बाद ट्रे में ऊपर से रूटिंग मीडिया डालकर बीजों को ढँक देवें। बीज की बुआई के पश्चात् ट्रेज को 4 दिनों (अंकुरण होने से पूर्व) तक पालीथीन से ढक देते हैं, इससे अंकुरण अधिक एवं जल्दी होता है। 5 वें दिन ट्रेज से पोलीथीन शीट को हटाकर ट्रेज को नेट हाउस में एक एक करके अलग अलग रख देते हैं। इसके बाद ट्रेज में सिंचाई करें। प्लग- ट्रे में लगी पौध पर पानी इस तरीके से डालें जिससे प्रत्येक सेल्स (पौधे) में हमेशा पर्याप्त नमी बनी रहे। सिंचाई फुहार के माध्यम से सुबह के समय डालें। अंकुरण के बाद पौध की स्वस्थ और ओज पूर्ण वृद्धि के लिए एनपीके 19:19:19 @ 0.5 ग्राम प्रति लीटर पानी की दर से सप्ताह में एक बार पत्तियों के ऊपर महीन फुआर के माध्यम से छिडकाव करें। एहतियात के तौर पर बीज जमाव के

लगभग एक सप्ताह बाद मेनकोज़ेब 75% डब्ल्यूपी 2 ग्राम प्रति लीटर पानी में घोलकर पौध की जड़ों में ड्रेंचिंग करने से नर्सरी में फफूंद जनित रोग जैसे आर्दगलन (Damping off) के प्रकोप से बचा जा सकता है। बीज बुआई के 15 दिन बाद इमिडाक्लोप्रीड 17.8% एसएल 0.25 मिली प्रति लीटर पानी में घोलकर छिडकाव करें।

रोपाई (Transplanting)

मिर्च की मुख्य फसल खरीफ मे तैयार की जाती है। जिसकी रोपाई जून-जूलाई में की जाती है। शरद ऋतु की फसल की रोपाई सितम्बर-अक्टूबर में की जाती है। रोपाई के 35-40 दिन पूर्व बीजों की बुआई कर पौध तैयार करें। नर्सरी में बीज की बुआई के 35-40 दिन बाद पौधे रोपने लायक हो जाते हैं। ओपी किस्मों के लिए कतार से कतार की दूरी 60 सेंटीमीटर और पौधे से पौधे की दूरी 30 सेंटीमीटर एवं संकर क़िस्मों के लिए कतार से कतार की दूरी 120 सेंटीमीटर और पौधे से पौधे की दूरी 30 से 40 सेंटीमीटर रखें। रोपाई के पूर्व पौध को इमिडाक्लोप्रीड 17.8% एसएल 0.3 मिली प्रति लीटर पानी के घोल में 30 मिनट तक पौध की जड़ों को डुबोने के बाद खेत में रोपाई करें। साथ ही मिर्च के खेत के चारों ओर मक्का या ज्वार की 2-3 कतारें लगावें।

एकीकृत पोषक तत्व प्रबंधन (Integrated Nutrient Management)

मिर्च में खाद एवं उर्वरकों का प्रयोग मृदा परीक्षण के आधार पर करें। सामान्यतः मिर्च की रोपाई के पूर्व 250 क्विंटल गोबर की पूर्णतः पकी हुई खाद एवं 2.5 क्विंटल नीम खली प्रति हेक्टेयर खेत की अंतिम जुताई के समय मृदा में मिलाएं। साथ ही रोपाई के पूर्व बेड्स पर 50 किलोग्राम गोबर की खाद में 2.5 किलोग्राम *ट्राइकोडर्मा विरडी*, 2.5 किलोग्राम *एज़ोस्पिरिलम* और 2.5 किलोग्राम फॉस्फो बैक्टीरिया प्रति हेक्टेयर मिलावें। यदि मृदा में जिंक की कमी हो तो जिंक सल्फेट 25 किलोग्राम प्रति हेक्टेयर खेत की अंतिम जुताई के समय मृदा में मिलाएँ। इसके अतिरिक्त मिर्च की फसल को 120 किलोग्राम नत्रजन, 80 किलोग्राम फॉस्फोरस एवं 80 किलोग्राम पोटाश प्रति हेक्टेयर की दर से आवश्यकता होती है। इसमें फॉस्फोरस एवं पोटाश की पूरी मात्रा

एवं नत्रजन की एक तिहाई मात्रा रोपाई के पूर्व आधार खाद के रूप में देवें। शेष नत्रजन की मात्रा को दो बराबर भागों में बांटकर रोपाई के 30 दिन एवं 60 दिन बाद देवें। पौध रोपण के 40 दिन बाद से 10 दिनों के अंतराल पर जिंक सल्फेट (ZnSO4) @ 0.5% का पर्णीय छिड़काव करें एवं रोपण के 60 दिनों के बाद 19:19:19 + Mn @ 1% का छिड़काव करें।

फर्टीगेशन तकनीक द्वारा पोषक तत्व प्रबंधन (Nutrient management by fertigation technique)

मिर्च में खाद एवं उर्वरकों का प्रयोग मृदा परीक्षण के आधार पर करें। ड्रिप द्वारा उर्वरकों का उपयोग करने की तकनीक को फर्टीगेशन (fertigation) कहते हैं। इस विधि में फर्टीलाइजर टैंक या वेंचुरी के माध्यम से पानी मे घुलनशील उर्वरकों का उपयोग करते हैं। सामान्यतः मिर्च की रोपाई के पूर्व 250 क्विंटल गोबर की पूर्णतः पकी हुई खाद एवं 2.5 क्विंटल नीम खली प्रति हेक्टेयर खेत की अंतिम जुताई के समय मृदा में मिलाएं। साथ ही रोपाई के पूर्व बेड्स पर 50 किलोग्राम गोबर की खाद में 2.5 किलोग्राम *ट्राइकोडर्मा विरडी*, 2.5 किलोग्राम *एज़ोस्पिरिलम* और 2.5 किलोग्राम फॉस्फो बैक्टीरिया प्रति हेक्टेयर मिलावें। यदि मृदा में जिंक की कमी हो तो जिंक सल्फेट 25 किलोग्राम प्रति हेक्टेयर खेत की अंतिम जुताई के समय मृदा में मिलाएँ। इसके अतिरिक्त मिर्च की फसल को 120 किलोग्राम नत्रजन, 80 किलोग्राम फॉस्फोरस एवं 80 किलोग्राम पोटाश प्रति हेक्टेयर की दर से आवश्यकता होती है। इसमें फॉस्फोरस का 75% मात्रा सिंगल सुपर फॉस्फेट (Single superphosphate) के माध्यम से पौध की रोपाई के पूर्व खेत में मिला देवें एवं नत्रजन, पोटाश की पूरी मात्रा एवं फॉस्फोरस की शेष मात्रा ड्रिप द्वारा घुलनशील उर्वरकों जैसे 19:19:19, 00:52:34, 13:00:45, 12:61:00, 0:0:50, यूरिया (Urea), अमोनियम सल्फेट (Ammonium Sulphate), एवं म्यूरेट ऑफ पोटाश (Muriate of Potash) के माध्यम से देवें। पौध रोपण के 40 दिन बाद से 10 दिनों के अंतराल पर जिंक सल्फेट (ZnSO4) @ 0.5% का पर्णीय छिड़काव करें एवं रोपण के 60 दिनों के बाद 19:19:19 + Mn @ 1% का छिड़काव

करें।

सिंचाई प्रबन्धन (Irrigation management)

संकर मिर्च एक उथली जड़ वाली (Shallow-rooted) फसल है, जोसूखे (Drought) **और जलभराव** (Waterlogging) **दोनों के प्रति अत्यधिक संवेदनशील** (Highly sensitive)होती है, इसलिए इसकासिंचाई **प्रबंधन** (Irrigation management)अत्यंत सावधानीपूर्वक किया जाना चाहिए। पौध रोपण (Transplanting) के तुरंत बाद एक हल्की सिंचाई अनिवार्य रूप से करनी चाहिए ताकि जड़ें मिट्टी में अच्छी तरह स्थापित (Established) हो सकें। इसके पश्चात **मौसम औरमृदा नमी** (Soil moisture)के आधार पर गर्मियों **में5 से 7 दिनों के अंतराल** (Interval of 5 to 7 days)पर तथा सर्दियों **में10 से 15 दिनों के** अंतरालपर सिंचाई करनी चाहिए। संकर मिर्च की खेती **मेंफूल आने की अवस्था** (Flowering stage)औरफल **विकास की अवस्था** (Fruit development stage)सिंचाई के दृष्टिकोण **सेसर्वाधिक क्रांतिक अवस्थाएं** (Most critical stages)हैं; इन अवस्थाओं **मेंनमी** का तनाव (Moisture stress)होने पर भारी मात्रा **मेंफूल व फल झड़ने** (Flower and fruit drop)की समस्या होती है जिससे पैदावार में भारी गिरावट आती है। इसके विपरीत, खेत में **उचितजल निकासी** (Drainage)का होना भी उतना ही आवश्यक है, क्योंकि 24 घंटे से अधिक समय तक पानी का ठहराव जड़ों में हवा का संचार रोक देता है **औरमलानी या विल्ट रोग** (Wilt disease)का कारण बनता है जिससे पौधे पूरी तरह नष्ट हो सकते हैं। जल उपयोग दक्षता (Water use efficiency) को अधिकतम करने, खरपतवार (Weeds) पर नियंत्रण रखने और फफूंद जनित बीमारियों (Fungal diseases) को कम करने के लिए, आईसीएआर (ICAR) संकर मिर्च **मेंटपक सिंचाई प्रणाली** (Drip irrigation system)को अपनाने की पुरजोर सिफारिश करता है, जो पारंपरिक विधियों की तुलना में न **केवल40 से 50 प्रतिशत तक पानी की बचत** (Saves 40 to 50 percent water)करती है, बल्कि उर्वरकों के प्रभावी उपयोग के साथ-साथ **कुलउपज और फलों की गुणवत्ता** (Yield and fruit quality)में

भी उल्लेखनीय वृद्धि सुनिश्चित करती है।

टपक सिंचाई (Drip Irrigation)

संकर मिर्च की व्यावसायिक खेती में अधिकतम उत्पादन औरजल उपयोग दक्षता (Water Use Efficiency)प्राप्त करने के लिएटपक सिंचाई (Drip Irrigation)सबसे उत्कृष्ट और वैज्ञानिक जल प्रबंधन (Water management) विधि है। इस प्रणाली के अंतर्गत पानी को मुख्य पाइप (Main pipe), उप-मुख्य पाइप (Sub-main pipe) और लेटरल या पाश्र्व नलिकाओं (Lateral tubes) के जाल के माध्यम से सीधे पौधों केजड़-क्षेत्र (Root zone)में बूंद-बूंद करके पहुँचाया जाता है। आईसीएआर (ICAR) की सिफारिशों के अनुसार, संकर मिर्च के लिए सामान्यतःइनलाइन ड्रिपर (Inline drippers)का उपयोग किया जाता है, जिनके बीच कीदूरी 40 से 50 सेंटीमीटर (Spacing 40-50 cm)होती है और पानी के स्राव की दर (Discharge rate) 2 से 4 लीटर प्रति घंटा (2-4 Liters Per Hour - LPH)रखी जाती है। फसल की वाष्पीकरण-वाष्पोत्सर्जन (Evapotranspiration - ET) मांग और मृदा नमी (Soil moisture) के आधार पर इस प्रणाली कोप्रतिदिन या एक दिन छोड़कर 1 से 2 घंटे (Daily or alternate days for 1 to 2 hours)के लिए संचालित किया जाता है। टपक सिंचाई का सबसे बड़ा लाभ यह है कि यह पारंपरिक विधियों (Traditional methods) की तुलना में40 से 50 प्रतिशत तक पानी की भारी बचत (Saves 40 to 50 percent water)करती है। इसके अतिरिक्त, इस प्रणाली में केवल पौधे के आस-पास का क्षेत्र ही गीला होता है, जिससे पंक्तियों के बीच की जगह सूखी रहती है औरखरपतवार वृद्धि (Weed growth)में भारी कमी आती है। पत्तियों और तने पर पानी न पड़ने के कारण खेत में सूक्ष्म-जलवायु (Micro-climate) अनुकूल बनी रहती है, जिससेफफूंद जनित रोगों (Fungal diseases)का प्रकोप अत्यंत कम हो जाता है। इस सिंचाई प्रणाली कोफर्टीगेशन (Fertigation)के साथ एकीकृत (Integrated) करने से उर्वरकों का सीधा और प्रभावी अवशोषण (Absorption) होता है, जिसके परिणामस्वरूप संकर मिर्च में फूल व फल झड़ने (Flower and fruit drop) की समस्या समाप्त हो जाती है

और कुलपैदावार तथा फलों की गुणवत्ता (Yield and fruit quality) में 30 से 40 प्रतिशत तक की अभूतपूर्व वृद्धिसुनिश्चित होती है।

प्लास्टिक पलवार (Plastic mulch)

संकर मिर्च (Hybrid chilli) के उत्कृष्ट उत्पादन के लिए आईसीएआर (ICAR) द्वारा **25 से 30 माइक्रोन (25-30 microns)** मोटाई वाली **चांदी-काले रंग की पॉलिथीन पलवार (Silver-black polyethylene mulch)** के उपयोग की विशेष रूप से अनुशंसा की जाती है। इसे खेत की तैयारी के समय **उठी हुई क्यारियों (Raised beds)** पर **टपक सिंचाई प्रणाली (Drip irrigation system)** की लेटरल पाइपों के ऊपर अच्छी तरह तानकर बिछाया जाता है, और फिर रोपाई (Transplanting) के लिए इसमें उचित दूरी पर गोलाकार छिद्र (Holes) किए जाते हैं।

इस वैज्ञानिक तकनीक के कई प्रामाणिक लाभ हैं:

- **नमी और तापमान नियंत्रण:** यह वाष्पीकरण (Evaporation) को रोककर **मृदा नमी (Soil moisture)** का प्रभावी संरक्षण करती है और जड़ों के समुचित विकास के लिए एक अनुकूल **सूक्ष्म-जलवायु (Micro-climate)** का निर्माण करते हुए **मृदा तापमान (Soil temperature)** को नियंत्रित रखती है।
- **रोग एवं कीट प्रबंधन:चांदी-काली पलवार (Silver-black mulch)** का ऊपरी चांदी (Silver) वाला हिस्सा **प्रकाश का परावर्तन (Reflection of light)** करता है, जो मिर्च की फसल में **पत्ती मरोड़ विषाणु (Leaf Curl Virus)** का प्रसार करने वाले रस चूसक कीटों (Sucking pests) जैसे थ्रिप्स (Thrips) और एफिड्स (Aphids) को भ्रमित कर उन्हें पौधों से दूर रखता है।
- **खरपतवार नियंत्रण:** पलवार का निचला काला (Black) हिस्सा सूर्य के प्रकाश को मिट्टी तक पहुँचने से रोकता है, जिससे प्रकाश संश्लेषण (Photosynthesis) के अभाव में **खरपतवार वृद्धि (Weed growth)** लगभग 100% तक रुक जाती है।

- **पोषक तत्व संरक्षण:** यह तकनीक भारी बारिश या सिंचाई के दौरान पोषक तत्वों के निक्षालन (Leaching of nutrients) और मृदा अपरदन (Soil erosion) को पूरी तरह से रोकती है।

वैज्ञानिक परीक्षणों में यह सिद्ध हो चुका है कि टपक सिंचाई (Drip irrigation) और फर्टीगेशन (Fertigation) के साथ प्लास्टिक पलवार (Plastic mulch) का समेकित उपयोग करने से पानी और उर्वरकों में भारी बचत होती है, और मिर्च की **कुल पैदावार (Total yield) तथा फलों की गुणवत्ता (Fruit quality) में 30 से 50 प्रतिशत तक की** उल्लेखनीय वृद्धि दर्ज की जाती है।

खरपतवार प्रबंधन (Weed management)

मिर्च की फसल में **खरपतवार प्रबंधन (Weed Management)** एक अत्यंत महत्वपूर्ण सस्य क्रिया (Agronomic practice) है, क्योंकि खरपतवार नमी, प्रकाश और पोषक तत्वों के लिए मुख्य फसल के साथ गंभीर प्रतिस्पर्धा (Competition) करते हैं। मिर्च की फसल में रोपाई के बाद के शुरुआती **30 से 60 दिन खरपतवार-फसल प्रतिस्पर्धा (Crop-weed competition) के लिए सर्वाधिक क्रांतिक अवधि (Most critical period)** माने जाते हैं; यदि इस दौरान खरपतवारों को वैज्ञानिक रूप से नियंत्रित नहीं किया गया तो **कुल उपज में 30 से 50 प्रतिशत तक की भारी कमी (Yield loss of 30 to 50 percent)** हो सकती है। चूँकि मिर्च एक उथली जड़ वाली फसल (Shallow-rooted crop) है, इसलिए जड़ों को नुकसान से बचाने के लिए गहरी गुड़ाई (Deep hoeing) से बचना चाहिए; इसके बजाय पारंपरिक विधि के अंतर्गत रोपाई के 20-25 दिन और 40-45 दिन बाद **दो से तीन बार उथली निराई-गुड़ाई (Shallow hand weeding/hoeing)** करनी चाहिए। बड़े पैमाने पर व्यावसायिक खेती में रसायनों के प्रभावी उपयोग के लिए आईसीएआर (ICAR) द्वारा रोपाई से ठीक पहले या रोपाई के 1 से 2 दिन के भीतर (खरपतवार उगने से पहले) पर्याप्त मृदा नमी होने पर **पेंडीमेथालिन 30 EC (Pendimethalin 30 EC) @ 3.33 लीटर प्रति हेक्टेयर का उद्भव-पूर्व शाकनाशी (Pre-emergence**

herbicide) के रूप में 500-600 लीटर पानी में घोलकर छिड़काव करने की पुरजोर सिफारिश की जाती है। इसके अतिरिक्त, आधुनिक **एकीकृत खरपतवार प्रबंधन (Integrated Weed Management)** के अंतर्गत उठी हुई क्यारियों पर **25 से 30 माइक्रोन मोटी चांदी-काली प्लास्टिक पलवार (Silver-black plastic mulch)** का उपयोग टपक सिंचाई (Drip irrigation) के साथ सबसे उत्कृष्ट वैज्ञानिक विधि सिद्ध हुई है, जो मिट्टी तक सूर्य के प्रकाश को पहुँचने से रोककर प्रकाश संश्लेषण (Photosynthesis) को बाधित करती है और खरपतवारों की वृद्धि को लगभग 100% तक रोकते हुए रासायनिक शाकनाशियों (Chemical herbicides) पर निर्भरता को काफी हद तक समाप्त कर देती है।

10

पुष्पन एवं फलन

पुष्पन एवं फलन (Flowering and Fruiting)

मिर्च को **बहुधा पर-परागित (often cross pollinated)** फसलों में वर्गीकृत किया जा सकता है। मिर्च का फूल पहले शाखाओं वाले नोड की धुरी पर शुरू होता है, बाद में प्रत्येक अतिरिक्त नोड पर फूल बनते हैं। मिर्च का फूल उभयलिंगी, अधपका और आमतौर पर पंचांग (pentamerous) होता है। फूल पूर्ण, कैलेक्स, कोरोला, और नर और मादा अंगों के साथ होता है । मिर्च में खेत में रोपाई के लगभग **40 से 60 दिनों (40 to 60 Days)** के बाद **पुष्पन (Flowering)** की प्रक्रिया आरंभ हो जाती है। इसके फूल मुख्य रूप से सफेद रंग के होते हैं जो सामान्यतः पत्तों के कक्ष (Axil) में अकेले या गुच्छों में निकलते हैं, और प्रकृति में यह एक **बहुधा पर-परागित फसल (Often Cross-pollinated Crop)** है, जिसमें **परागण (Pollination)** मुख्य रूप से मधुमक्खियों (Bees), थ्रिप्स (Thrips) और अन्य कीटों द्वारा होता है, निषेचन के उपरांत अंडाशय विकसित होकर फल का रूप लेता है, जिसे वानस्पतिक रूप से **बेरी (Berry)** कहा जाता है। अधिकांश फूल सुबह 5 बजे खुलते (Anthesis) हैं। एंथेसिस के एक दिन पहले से स्टिग्मा ग्रहणशील (Receptive) होता है और एंथेसिस के बाद दो दिनों तक जारी रहता है। परागकण (Pollen grains) एंथेसिस के एक दिन पहले उर्वर होते हैं और एंथेसिस के दिन अधिकतम उर्वरता होती है।

फलों की सेटिंग के लिए इष्टतम तापमान दिन में 25 डिग्री सेल्सियस और रात में 18 डिग्री सेल्सियस होता है । मिर्च के फलों में आकार, छिलका की मोटाई, तीखापन और रंग में विशाल विविधता होती है जो की आनुवंशिक और पर्यावरणीय कारकों द्वारा प्रभावित होती है। फलों का रंग हरा, पीला, नारंगी और लाल से लेकर बैंगनी, भूरा, काला और सफेद भी होता है। अधिकांश किस्मों की तुड़ाई रोपाई के 70 दिनों के बाद हरी अवस्था में की जा सकती है, लेकिन 130 दिनों के बाद पूरी तरह से पक जाती है।

फूलों और फलों का गिरना (Flower and Fruit Drop)

मिर्च में फूलों और छोटे फलों का गिरना (Flower and Fruit Drop) एक बहुत ही गंभीर समस्या है, जो मुख्य रूप से**35 डिग्री सेल्सियस से अधिक उच्च तापमान (High Temperature), कम आर्द्रता और पानी की कमी (Water Stress) के कारण होती है।** इस समस्या को नियंत्रित करने और **फलन (Fruiting)** को बेहतर बनाने के लिए ICAR द्वारा पुष्पन के समय और उसके 20-25 दिन बाद पादप वृद्धि नियामक (Plant Growth Regulator), जैसे **नैफ्थलीन एसिटिक एसिड (Naphthalene Acetic Acid - NAA)** के 10 पीपीएम (10 ppm) घोल का छिड़काव (Foliar Spray) करने की कड़ी सिफारिश की जाती है। अनुकूल फलन और उच्च पैदावार के लिए **20 से 25 डिग्री सेल्सियस** का तापमान और खेत में लगातार पर्याप्त **मृदा नमी (Soil Moisture)** का बना रहना सबसे आदर्श माना जाता है।

11

परिपक्वता सूचकांक, तुड़ाई एवं उपज

परिपक्वता सूचकांक (Maturity Indices)

मिर्च का **परिपक्वता सूचकांक (Maturity Indices)** मुख्य रूप से इसके अंतिम उपयोग—यानी ताजा बाजार, सुखाने या प्रसंस्करण—पर निर्भर करता है। ताजा उपयोग के लिए **हरी मिर्च (Green chilli)** की तुड़ाई तब की जाती है जब फल **पूर्ण विकसित (Fully developed)**, आकार में पूरी तरह से बड़ी, और छूने में **दृढ़ (Firm)** होती हैं, तथा उनका **तीखापन (Pungency)** अपने इष्टतम स्तर पर आ जाता है। वहीं, मसाला उत्पादन या **सूखी लाल मिर्च (Dry red chilli)** के लिए फसल की तुड़ाई उस समय की जाती है जब फल पूर्णतः **पककर (Fully ripe)** चमकीले या **गहरे लाल रंग (Deep red colour)** में पूरी तरह से बदल जाते हैं और पौधे पर ही आंशिक रूप से सिकुड़ने लगती हैं। इस लाल पकी अवस्था में मिर्च के भीतर **कैप्सेसिन (Capsaicin)** (जो तीखापन निर्धारित करता है) और **रंग मूल्य (Colour value)** अपने **अधिकतम स्तर (Maximum level)** पर होते हैं। सुरक्षित भंडारण और अंतरराष्ट्रीय मानकों के अनुरूप बेहतर गुणवत्ता बनाए रखने के लिए यह एक महत्वपूर्ण तथ्य है कि लाल मिर्च की तुड़ाई और उसे सुखाने के बाद उसमें नमी की मात्रा **(Moisture content)** घटकर

सुरक्षित स्तर यानी **10 से 12% के बीच** आ जानी चाहिए, ताकि फसल को फफूंद **एफ्लाटॉक्सिन** (Aflatoxin) और **गुणवत्ता ह्रास** (Quality deterioration) से बचाया जा सके।

तुड़ाई (Harvesting)

मिर्च की **तुड़ाई** (Harvesting) मुख्य रूप से इसके अंतिम उपयोग पर निर्भर करती है; ताज़ा बाज़ार के लिए **हरी मिर्च** (Green chilli) को तब तोड़ा जाता है जब फल पूरी तरह से विकसित, दृढ़ (Firm) और गहरे हरे रंग के हो जाते हैं (आमतौर पर रोपाई के **75-80 दिनों के बाद**)। वहीं, मसाला या **सूखी मिर्च** (Dry chilli) के उत्पादन के लिए, तुड़ाई तब की जाती है जब फल **पूर्णतः पककर** (Fully ripe) चमकीले **गहरे लाल रंग** (Deep red colour) की हो जाते हैं और आंशिक रूप से सूखने लगती हैं। गुणवत्ता और शेल्फ-लाइफ बनाए रखने के लिए यह **अत्यंत महत्वपूर्ण तथ्य** है कि तुड़ाई हमेशा **डंठल** (Pedicel/ Stalk) के साथ हाथ से सावधानीपूर्वक की जाए ताकि पौधे की **शाखाओं** (Branches) को किसी भी प्रकार की **यांत्रिक क्षति** (Mechanical damage) न पहुंचे। अधिकतम **उपज** (Yield) प्राप्त करने के लिए फलों की तुड़ाई एक ही बार में न करके आमतौर पर **10-15 दिनों के अंतराल** (Intervals) पर कई **चरणों** (Pickings) में की जाती है, और कटाई के तुरंत बाद फसल को बड़े ढेर में रखने के बजाय फफूंद या **सड़न** (Rotting) से बचाने के लिए छाया में फैलाकर उचित **वातन** (Aeration) प्रदान करना **अनिवार्य** होता है।

उपज क्षमता (Yield potential)

मिर्च (Chilli) फसल को वैज्ञानिक उन्नत सस्य तकनीकों (Advanced agronomic techniques)—जैसे कि **टपक सिंचाई** (Drip irrigation), **प्लास्टिक पलवार** (Plastic mulching), और **एकीकृत पोषक तत्व प्रबंधन** (Integrated Nutrient Management - INM)—के साथ वैज्ञानिक फसल प्रबंधन (Scientific crop management) के अंतर्गत, **ताजी हरी मिर्च** (Fresh green chilli) की औसत उपज क्षमता **15 से 25 टन प्रति हेक्टेयर** (15 to 25 tonnes per hectare) तक आसानी से प्राप्त की जा सकती है। मसालों और

निर्यात के लिए तैयार की जाने वाली **सूखी लाल मिर्च (Dry red chilli)** की औसत उपज क्षमता **2.5से 3टन प्रति हेक्टेयर (2.5 to 3 tonnes per hectare)** तक दर्ज की जाती है।

संकर मिर्च (Hybrid chilli) की उपज क्षमता **(Potential yield)** पारंपरिक या खुले परागित (Open-pollinated) किस्मों की तुलना में कई गुना अधिक होती है। यदि फसल को वैज्ञानिक उन्नत सस्य तकनीकों (Advanced agronomic techniques)—जैसे कि **टपक सिंचाई (Drip irrigation)**, **प्लास्टिक पलवार (Plastic mulching)**, और **एकीकृत पोषक तत्व प्रबंधन (Integrated Nutrient Management - INM)**—के साथ उगाया जाए, तो संकर किस्मों (Hybrid varieties) की आनुवंशिक क्षमता (Genetic potential) का पूर्ण दोहन किया जा सकता है। वैज्ञानिक फसल प्रबंधन (Scientific crop management) के अंतर्गत, **ताजी हरी मिर्च (Fresh green chilli)** की औसत उपज क्षमता **25 से 35 टन प्रति हेक्टेयर (25 to 35 tonnes per hectare)** तक आसानी से प्राप्त की जा सकती है; जबकि अनुकूल परिस्थितियों और उच्च सघनता (High density) वाले उन्नत खेतों में यह **40 टन प्रति हेक्टेयर** के आंकड़े को भी पार कर सकती है। इसके विपरीत, मसालों और निर्यात के लिए तैयार की जाने वाली **सूखी लाल मिर्च (Dry red chilli)** की औसत उपज क्षमता **5 से 7 टन प्रति हेक्टेयर (5 to 7 tonnes per hectare)** तक दर्ज की जाती है।

संकर मिर्च की इस अत्यधिक उच्च उत्पादकता (High productivity) का मुख्य कारण पौधों में हाइब्रिड विगर या **संकर ओज (Heterosis)** का होना है, जिसके परिणामस्वरूप पौधों में अधिक शाखाएं (More branches), उत्कृष्ट फलन (Excellent fruiting) और अंततः **प्रति पौधा फलों की उच्च संख्या (Higher number of fruits per plant)** सुनिश्चित होती है। इसके अतिरिक्त, नवीनतम संकर किस्मों में **जैविक और अजैविक प्रतिबलों (Biotic and abiotic stresses)**—जैसे विषाणु रोगों (Viral diseases) और सूखे (Drought)—के प्रति अंतर्निहित **सहनशीलता (Tolerance)** होती

है, जो फूल व फल झड़ने (Flower and fruit drop) को रोककर किसानों को अधिकतम और स्थिर व्यावसायिक उपज (Maximum and stable commercial yield) प्राप्त होती है।

12

सुखाना

सुखाना (Drying)

मिर्च का **सुखाना (Drying)** एक अत्यंत महत्वपूर्ण **तुड़ाई उपरांत प्रबंधन (Post-harvest management)** प्रक्रिया है, जिसका मुख्य उद्देश्य ताजी पकी हुई लाल मिर्च में मौजूद **65 से 75 प्रतिशत नमी (65-75% moisture content)** को घटाकर सुरक्षित भंडारण और विपणन के लिए **8 से 10 प्रतिशत (8-10%)** के सुरक्षित स्तर तक लाना है।

पारंपरिक रूप से मिर्च को सीधे खेतों की मिट्टी या खुले फर्श पर सुखाया जाता है, जिससे उसमें धूल, फफूंद और विशेष रूप से ***एस्परगिलस फ्लेवस* (*Aspergillus flavus*)** नामक कवक के कारण कैंसरकारी **एफ्लाटॉक्सिन संदूषण (Aflatoxin contamination)** का भारी जोखिम रहता है, जो निर्यात (Export) में सबसे बड़ी बाधा है। इस समस्या के पूर्ण समाधान और उच्च गुणवत्ता वाली सूखी लाल मिर्च प्राप्त करने के लिए, आईसीएआर (ICAR) द्वारा कुछ नवीनतम वैज्ञानिक तकनीकों की सिफारिश की गई है:

- **सतह का चयन (Selection of Surface):** मिर्च को कभी भी सीधे जमीन पर नहीं सुखाना चाहिए। इसे साफ **तिरपाल (Tarpaulin)**, साफ सीमेंट के फर्श या हवा के उचित संचार के लिए **उठी हुई**

जालीदार ट्रे (Raised wire mesh trays) पर सुखाना चाहिए।

- **वैज्ञानिक पूर्व-उपचार (Scientific Pre-treatment):** सुखाने की प्रक्रिया को तेज करने और मिर्च का प्राकृतिक गहरा लाल रंग (Natural dark red color) बनाए रखने के लिए एक विशेष रासायनिक उपचार किया जाता है। ताजी मिर्च को सुखाने से पहले **पोटेशियम कार्बोनेट (Potassium carbonate - 2.5%)** और **परिष्कृत खाद्य तेल (Refined edible oil - 1%)** के जलीय घोल (Emulsion) में 5 से 10 मिनट तक डुबोया जाता है। यह घोल मिर्च की कठोर बाहरी परत या **क्यूटिकल (Cuticle)** को मुलायम कर देता है, जिससे पानी का वाष्पीकरण तेजी से होता है और सुखाने का समय पारंपरिक 15-20 दिनों से घटकर आधा रह जाता है।
- **उन्नत शुष्कक तकनीक (Advanced Drying Techniques):** व्यावसायिक स्तर पर मौसम की अनिश्चितता से बचने और एक समान सुखाने (Uniform drying) के लिए **सौर ड्रायर (Solar dryers)** या **यांत्रिक ड्रायर (Mechanical dryers)** का उपयोग सबसे उत्कृष्ट विधि है। यांत्रिक ड्रायर में **गर्म हवा का तापमान 45°C से 50°C (Hot air temperature 45-50°C)** के बीच वैज्ञानिक रूप से एकदम आदर्श माना गया है।
- **तापमान का प्रभाव (Effect of Temperature):** सुखाते समय यह ध्यान रखना अत्यंत महत्वपूर्ण है कि यदि ड्रायर का तापमान **60°C से अधिक (Above 60°C)** हो जाता है, तो मिर्च के फल भुनकर काले पड़ जाते हैं और उनमें मौजूद रंग वर्णक **कैप्सान्थिन (Capsanthin)** तथा तीखापन पैदा करने वाला रसायन **कैप्साइसिन (Capsaicin)** नष्ट हो जाते हैं, जिससे अंतर्राष्ट्रीय बाजार में इनकी गुणवत्ता और मूल्य दोनों गिर जाते हैं।

इस वैज्ञानिक विधि से सुखाने पर मिर्च में झुर्रियां (Wrinkles) अच्छी आती हैं, रंग चमकदार रहता है और फफूंद लगने का खतरा शून्य हो जाता है।

13

श्रेणीकरण, भण्डारण, पैकेजिंग एवं परिवहन

श्रेणीकरण (Grading)

मिर्च का **श्रेणीकरण (Grading)** मुख्य रूप से गुणवत्ता सुनिश्चित करने और बाजार मूल्य निर्धारित करने के लिए इसकी भौतिक और रासायनिक विशेषताओं के आधार पर किया जाता है। इस प्रक्रिया में मिर्च की **लंबाई (Length)**, **चमकीला लाल रंग (Bright red colour)**, सतह पर **झुर्रियां (Wrinkles)**, और **तीखापन (Pungency)** जैसे प्रमुख मापदंडों का कड़ाई से मूल्यांकन किया जाता है। उच्च गुणवत्ता वाले ग्रेड के लिए यह आवश्यक है कि मिर्च में नमी की मात्रा **(Moisture content)** सुरक्षित स्तर (आमतौर पर **10-11%** के आसपास) तक सीमित हो ताकि फफूंद न लगे। इसके अलावा, **क्षतिग्रस्त और बदरंग फलियों (Damaged and discoloured pods)**, बिना डंठल वाली मिर्च या **टूटे हुए डंठल (Broken stalks)**, और धूल-मिट्टी या पत्तियों जैसे **बाहरी पदार्थों (Extraneous matter)** की उपस्थिति को न्यूनतम रखा जाता है। इन पैमानों के

आधार पर मिर्च को विभिन्न वाणिज्यिक श्रेणियों जैसे **विशेष (Special)**, **उत्तम (Good)** और **सामान्य (Fair)** में वर्गीकृत किया जाता है, जिसमें अंतरराष्ट्रीय व्यापार और उच्च निर्यात मूल्य के लिए **कैप्सेसिन की मात्रा (Capsaicin content)** (जो तीखापन तय करता है) और **रंग मूल्य (Colour value)** (जो एस्टा / ASTA यूनिट्स में मापा जाता है) का सटीक मापन **सबसे महत्वपूर्ण** कारक माना जाता है।

भण्डारण (Storage)

मिर्च का **भण्डारण (Storage)** उसकी प्रकृति (ताजा या सूखी) के आधार पर विशिष्ट जलवायु परिस्थितियों की मांग करता है। ताजी **हरी मिर्च (Green chilli)** को सुरक्षित रखने और इसकी **शेल्फ-लाइफ (Shelf-life)** बढ़ाने के लिए इसे आदर्श रूप से **7 से 10°C तापमान (Temperature)** और लगभग **90-95% सापेक्षिक** आर्द्रता **(Relative humidity)** वाले **शीत कक्षों (Cold rooms)** में रखा जाता है, जहाँ यह 2 से 3 सप्ताह तक ताज़ा रह सकती है। इसके विपरीत, **सूखी लाल मिर्च (Dry red chilli)** के दीर्घकालिक भण्डारण के लिए यह **सबसे महत्वपूर्ण शर्त** है कि गोदाम में रखने से पूर्व मिर्च में **नमी की मात्रा (Moisture content)** सख्ती से **10-11% के सुरक्षित** स्तर तक कम कर ली गई हो। सूखी मिर्च के आकर्षक **रंग मूल्य (Colour value), तीखेपन (Pungency)** या **कैप्सेसिन (Capsaicin)** के स्तर को लंबे समय (8 से 10 महीने) तक बनाए रखने और **कीटों के प्रकोप (Insect infestation)** तथा **फफूंद (Fungus)** (विशेष रूप से खतरनाक **एफ्लाटॉक्सिन**- Aflatoxin) के विकास को रोकने के लिए, इसे **4 से 6°C तापमान** और लगभग **50-60% आर्द्रता (Humidity)** वाले **शीत भण्डार (Cold storage)** में रखा जाना **अत्यंत अनुशंसित** है। इसके अतिरिक्त, नमी सोखने से बचाने के लिए बोरों को सीधे फर्श पर न रखकर हमेशा लकड़ी के **तख्तों (Pallets)** पर रखना और गोदाम में **पर्याप्त वातन (Aeration)** सुनिश्चित करना एक **अनिवार्य प्रक्रिया (Mandatory practice)** है।

पैकेजिंग (Packaging)

मिर्च की **पैकेजिंग (Packaging)** इसके प्रकार (ताजा या सूखा) और बाजार की दूरी पर निर्भर करती है। ताजी **हरी मिर्च (Green chilli)** को लंबी दूरी के परिवहन और **सड़न (Rotting)** से बचाने के लिए उचित **छिद्रों (Perforations)** वाले **नालीदार फाइबरबोर्ड बॉक्स (Corrugated Fiberboard Boxes - CFB)** या हवादार टोकरियों में पैक किया जाता है, ताकि अंदर पर्याप्त वातन (Aeration) बना रहे। वहीं, **सूखी लाल मिर्च (Dry red chilli)** की पैकेजिंग के दौरान **नमी से बचाव (Moisture protection)** सबसे **महत्वपूर्ण तथ्य** है, इसलिए इसे आमतौर पर **पॉलीथीन-युक्त जूट के बोरों (Polythene-lined gunny bags)** या **बुने हुए प्लास्टिक के थैलों (Woven plastic sacks)** में संपीड़ित करके पैक किया जाता है। **अंतरराष्ट्रीय व्यापार (International trade)** और उच्च मूल्य वाले निर्यात के लिए, रंग और **तीखेपन (Pungency)** को सुरक्षित रखने तथा फफूंद (विशेषकर एफ्लाटॉक्सिन - Aflatoxin) के विकास को रोकने के लिए आधुनिक तकनीकों जैसे **निर्वात पैकेजिंग (Vacuum packaging)** का भी उपयोग किया जाता है। पैकेजिंग से पूर्व यह सुनिश्चित करना **अत्यंत आवश्यक** है कि सूखी मिर्च में **नमी की मात्रा (Moisture content)** सुरक्षित स्तर यानी **10-11% के बीच** ही हो, जिससे उसकी **भंडारण क्षमता (Shelf-life)** बढ़ सके और बाजार में उत्पाद की बेहतर **गुणवत्ता (Quality)** व उचित मूल्य सुनिश्चित किया जा सके।

परिवहन (Transportation)

मिर्च (विशेषकर हरी मिर्च) एक **शीघ्र खराब होने वाली (Highly Perishable)** फसल है, अतः इसके सुरक्षित एवं त्वरित परिवहन (Transportation) पर विशेष ध्यान देना अनिवार्य है। लंबी दूरी के बाजारों में ताजी मिर्च को सुरक्षित पहुँचाने के लिए **प्रशीतित वाहनों (Refrigerated Vans)** का उपयोग सर्वोत्तम माना जाता है, जहाँ फलों को सड़ने और सिकुड़ने से बचाने के लिए तापमान **8 से 10 डिग्री सेल्सियस (8 to 10°C)** के बीच नियंत्रित रखा जाता है। इसके विपरीत, सूखी लाल मिर्च के मामले में नमी से बचाव सबसे महत्वपूर्ण होता है, इसलिए इन्हें फफूंद से बचाने के लिए अच्छी तरह से सूखे जूट के

बोरों (Gunny Bags) में पैक करके ढके हुए ट्रकों में ले जाया जाता है। परिवहन वाहनों में पर्याप्त **हवा का आवागमन (Ventilation)** होना अत्यंत आवश्यक है ताकि हरी मिर्च की प्राकृतिक **श्वसन (Respiration)** प्रक्रिया के कारण उत्पन्न होने वाली गर्मी आसानी से बाहर निकल सके और फसल खराब न हो। पैकेजों को वाहन में रखते समय यह ध्यान रखना चाहिए कि उन्हें क्षमता से अधिक ऊंचाई तक एक के ऊपर एक न रखा जाए (Over-stacking), और उनकी **लदान और उतराई (Loading and Unloading)** बेहद सावधानीपूर्वक हो ताकि मिर्च को किसी भी प्रकार की **यांत्रिक क्षति (Mechanical Injury)** न पहुँचे। इसके अतिरिक्त, ICAR दृढ़ता से यह सलाह देता है कि परिवहन का कार्य मुख्य रूप से दिन के **ठंडे समय (Cooler Hours)**, जैसे देर शाम या रात में ही किया जाना चाहिए, जिससे खेत की गर्मी (Field Heat) का प्रभाव कम हो और मिर्च की गुणवत्ता के साथ-साथ उसकी **भंडारण आयु (Shelf Life)** भी लंबे समय तक बरकरार रहे।

14

विपणन रणनीतियाँ

विपणन रणनीतियाँ (Marketing Strategies)

भारत विश्व में मिर्च का सबसे बड़ा उत्पादक, उपभोक्ता और निर्यातक (Largest producer, consumer, and exporter in the world) है। किसानों और निर्यातकों का अधिकतम मुनाफा सुनिश्चित करने के लिए निम्नलिखित वैज्ञानिक विपणन रणनीतियाँ (Marketing strategies) अपनाई जाती हैं:

गुणवत्ता मूल्यांकन एवं ग्रेडिंग (Quality Evaluation and Grading)

अंतर्राष्ट्रीय और उच्च-मूल्य वाले घरेलू बाजारों में मिर्च का मूल्य उसकी दृश्य और रासायनिक गुणवत्ता पर निर्भर करता है। मसाला बोर्ड के अनुसार, मिर्च की ग्रेडिंग मुख्य रूप से इसके तीखेपन (Pungency)—जिसे कैप्साइसिन (Capsaicin) की मात्रा से मापा जाता है—और इसके रंग मान (Colour value)—जिसे एएसटीए इकाइयों (ASTA units) में मापा जाता है, के आधार पर की जाती है। बाजार में सर्वोत्तम मूल्य प्राप्त करने के लिए किसानों को अपनी उपज को एगमार्क मानकों (AGMARK standards) के अनुसार आकार, रंग और नमी (अधिकतम 8-10%) के आधार पर छांटकर बेचना चाहिए।

मूल्य संवर्धन (Value Addition)

कच्ची या केवल सूखी मिर्च बेचने के बजाय प्रसंस्कृत उत्पाद बेचने से मुनाफे में कई गुना वृद्धि होती है। विपणन की सबसे सफल रणनीति **मूल्य संवर्धन (Value addition)** है। इसके अंतर्गत मिर्च से **मिर्च पाउडर (Chilli powder)**, **मिर्च पेस्ट (Chilli paste)**, और प्राकृतिक खाद्य रंगों व औषधियों में इस्तेमाल होने वाले **ओलिओरेसिन (Oleoresin)** का निष्कर्षण (Extraction) किया जाता है। वैश्विक **खाद्य प्रसंस्करण उद्योग (Food processing industry)** में ओलिओरेसिन की अत्यधिक मांग है, जो किसानों और उद्यमियों को प्रीमियम मूल्य प्रदान करता है।

निर्यात मानक एवं अनुरेखण (Export Standards and Traceability)

यूरोपीय संघ (EU), अमेरिका और जापान जैसे विकसित बाजारों में मिर्च का निर्यात करने के लिए एपीडा (APEDA) और मसाला बोर्ड के सख्त गुणवत्ता नियमों का पालन करना अनिवार्य है। निर्यात की सबसे बड़ी बाधाओं में **कीटनाशक अवशेष (Pesticide residues)** और कैंसरकारी कवक के कारण होने वाला **एफ्लाटॉक्सिन संदूषण (Aflatoxin contamination)** शामिल हैं। अंतर्राष्ट्रीय खरीददारों का विश्वास जीतने के लिए एपीडा ने **ट्रेसनेट (Tracenet)** नामक डिजिटल **अनुरेखण प्रणाली (Traceability system)** लागू की है। इसके माध्यम से खेत से लेकर शिपमेंट तक उपज की पूरी जानकारी ट्रैक की जाती है। बिना **फाइटोसैनिटरी प्रमाणपत्र (Phytosanitary certificate)** और लैब परीक्षण (Lab testing) के निर्यात की अनुमति नहीं दी जाती है।

ब्रांडिंग एवं भौगोलिक संकेत (Branding and Geographical Indication)

विशिष्ट क्षेत्रीय किस्मों की मार्केटिंग के लिए **भौगोलिक संकेत (Geographical Indication - GI)** टैग एक अत्यंत शक्तिशाली उपकरण है। **गुंटूर सन्नम (Guntur Sannam)**, कर्नाटक की कम तीखी और गहरे रंग वाली **ब्याडगी मिर्च (Byadagi Chilli)**, और पूर्वोत्तर भारत की अत्यधिक तीखी **भूत जोलोकिया (Bhut Jolokia)**

जैसी किस्मों को जीआई टैग (GI Tag) प्राप्त है। इन विशिष्ट ब्रांड नामों के तहत विपणन करने से अंतर्राष्ट्रीय बाजार में एकाधिकार (Monopoly) और अत्यधिक उच्च मूल्य (Premium price) प्राप्त होता है।

डिजिटल विपणन एवं अनुबंध खेती (Digital Marketing and Contract Farming)

घरेलू स्तर पर बिचौलियों (Middlemen) को खत्म करने और पारदर्शी मूल्य खोज (Transparent price discovery) के लिए आईसीएआर (ICAR) किसानों को **राष्ट्रीय कृषि बाजार या ई-नाम (National Agriculture Market - e-NAM)** पोर्टल के माध्यम से अपनी उपज बेचने की सलाह देता है। इसके अतिरिक्त, बड़ी मसाला कंपनियों के साथ **अनुबंध खेती (Contract farming)** विपणन की एक सुरक्षित रणनीति है, जिसमें बुवाई से पहले ही फसल का मूल्य और गुणवत्ता मानक तय कर लिए जाते हैं, जिससे किसान **मूल्य में उतार-चढ़ाव के जोखिम (Price fluctuation risk)** से पूरी तरह सुरक्षित हो जाते हैं।

15

निर्यात

निर्यात (Export)

भारत विश्व में मिर्च का सबसे बड़ा उत्पादक, उपभोक्ता और निर्यातक (**Largest producer, consumer, and exporter in the world**) है। भारत के कुल मसाला निर्यात (**Total spice exports**) में मात्रा (Volume) और मूल्य (Value) दोनों ही दृष्टियों से मिर्च का योगदान सर्वाधिक है, जो देश की कृषि अर्थव्यवस्था (Agricultural economy) और विदेशी मुद्रा अर्जन (Foreign exchange earnings) का एक प्रमुख स्तंभ है।

निर्यात किए जाने वाले उत्पाद एवं प्रमुख किस्में (Export Products and Major Varieties)

अंतर्राष्ट्रीय बाजार में भारतीय मिर्च का निर्यात मुख्य रूप से सूखी लाल मिर्च (**Dry red chilli**), ताजी हरी मिर्च (**Fresh green chilli**), मिर्च पाउडर (**Chilli powder**), और मूल्य संवर्धित उत्पादों (**Value-added products**) जैसे ओलिओरेसिन (**Oleoresin**) तथा मिर्च के पेस्ट (Chilli paste) के रूप में किया जाता है। निर्यात की जाने वाली प्रमुख किस्मों में गुंटूर सन्नम (**Guntur Sannam**), ब्याडगी (**Byadagi**), तेजा (**Teja**) और कश्मीरी मिर्च (**Kashmiri chilli**) शामिल हैं। वैश्विक बाजार में इन किस्मों की भारी मांग इनके विशिष्ट तीखेपन (**Pungency**)—जो कैप्साइसिन (**Capsaicin**) के कारण

होता है—और प्राकृतिक गहरे लाल रंग—जो **कैप्सान्थिन (Capsanthin)** वर्णक के कारण होता है, की वजह से है।

प्रमुख आयातक देश (Major Importing Countries)

एपीडा (APEDA) और मसाला बोर्ड के निर्यात आंकड़ों (Export data) के अनुसार, भारतीय मिर्च की सर्वाधिक मांग एशियाई और पश्चिमी दोनों बाजारों में है। इसके **प्रमुख आयातक देश (Importing countries)चीन (China), वियतनाम (Vietnam), थाईलैंड (Thailand), श्रीलंका (Sri Lanka), संयुक्त राज्य अमेरिका (USA), संयुक्त अरब अमीरात (UAE), यूनाइटेड किंगडम (UK), मलेशिया (Malaysia) और यूरोपीय संघ (European Union)** हैं। खाद्य प्रसंस्करण (Food processing) और औषधीय उद्योगों (Pharmaceutical industries) में ओलिओरेसिन की बढ़ती मांग ने निर्यात के नए द्वार खोले हैं।

गुणवत्ता मानक एवं नियामक आवश्यकताएं (Quality Standards and Regulatory Requirements)

विकसित देशों (Developed countries), विशेषकर यूरोपीय संघ (EU) और अमेरिका में निर्यात के लिए **गुणवत्ता मानकों (Quality standards)** का कड़ाई से पालन अनिवार्य है।

- **प्रतिबंधित तत्व (Restricted Elements):** मसाला बोर्ड (Spices Board) और आयातक देशों ने निर्यातित मिर्च में **कीटनाशक अवशेषों की अधिकतम सीमा (Maximum Residue Limits - MRLs)** और भण्डारण के दौरान फफूंद से पैदा होने वाले कैंसरकारी **एफ्लाटॉक्सिन (Aflatoxin)** पर सख्त सीमाएं (Strict limits) लागू की हैं। इसके अतिरिक्त, मिर्च के रंग को गहरा करने के लिए **सूडान डाई (Sudan dye)** जैसे कृत्रिम रसायनों की मिलावट पर पूर्णतः प्रतिबंध (Complete ban) है।
- **अनुरेखण प्रणाली (Traceability System):** अंतर्राष्ट्रीय खरीददारों का विश्वास बनाए रखने के लिए एपीडा (APEDA) ने **ट्रेसनेट (Tracenet)** नामक एक डिजिटल अनुरेखण प्रणाली लागू

की है, जो खेत (Farm) से लेकर शिपमेंट (Shipment) तक उत्पाद की पूरी जानकारी और गुणवत्ता को ट्रैक करती है।

- **प्रमाणीकरण (Certification):** किसी भी अंतरराष्ट्रीय खेप (International consignment) को भेजने से पूर्व मान्यता प्राप्त प्रयोगशालाओं (Accredited laboratories) से परीक्षण (Testing) और अनिवार्य **फाइटोसैनिटरी प्रमाणपत्र (Phytosanitary certificate)** प्राप्त करना आवश्यक है, ताकि यह प्रमाणित हो सके कि उत्पाद कीटों और बीमारियों से 100% मुक्त है।

16

अच्छी कृषि पद्धतियाँ

अच्छी कृषि पद्धतियाँ (Good Agricultural Practices - GAP)

कृषि और प्रसंस्कृत खाद्य उत्पाद निर्यात विकास प्राधिकरण (APEDA) के अनुसार, मिर्च (Chilli) के निर्यात के लिए अंतर्राष्ट्रीय गुणवत्ता, सुरक्षा मानकों और आयातक देशों के नियमों का पालन करना अनिवार्य है। एपीडा मुख्य रूप से **ट्रेसेबिलिटी** (Traceability), **कीटनाशक अवशेषों** (Pesticide Residues) और **एफ्लाटॉक्सिन (Aflatoxin)** के नियंत्रण पर जोर देता है।

एपीडा के दिशा-निर्देशों के अनुसार **अच्छी कृषि पद्धतियाँ** (Good Agricultural Practices - GAP) का विवरण नीचे दिया गया है:

1. पंजीकरण और ट्रैसेबिलिटी (Registration and Traceability)

निर्यात के लिए सबसे महत्वपूर्ण कदम यह साबित करना है कि मिर्च कहाँ और कैसे उगाई गई है।

- **खेत का पंजीकरण (Farm Registration):** निर्यातकों और किसानों को एपीडा के ऑनलाइन सिस्टम **हॉर्टिनेट (Hortinet)** या **ट्रेसनेट (Tracenet)** पर अपने खेतों का पंजीकरण कराना अनिवार्य

है।

- **रिकॉर्ड रखना (Record Keeping):** बुवाई से लेकर कटाई तक, खेत में इस्तेमाल होने वाले सभी उर्वरकों और कीटनाशकों का विस्तृत रिकॉर्ड रखना चाहिए।

2. खेत और बीज का चयन (Field and Seed Selection)

- **मिट्टी और पानी का परीक्षण (Soil and Water Testing):** खेती शुरू करने से पहले, भारी धातुओं (Heavy metals) और संदूषकों (Contaminants) की जांच के लिए मिट्टी और सिंचाई के पानी का परीक्षण **एपीडा मान्यता प्राप्त प्रयोगशाला (APEDA recognized laboratory)** से करवाएं।
- **प्रमाणित बीज (Certified Seeds):** रोग मुक्त और उच्च उपज देने वाली किस्मों के केवल प्रमाणित बीजों का ही उपयोग करें। अंतर्राष्ट्रीय बाजार में मिलावट रोकने के लिए बीज की आनुवंशिक शुद्धता (Genetic purity) सुनिश्चित करें।

3. एकीकृत नाशीजीव और रोग प्रबंधन (Integrated Pest and Disease Management - IPM)

यूरोपीय संघ (EU), अमेरिका और मध्य पूर्व जैसे आयातक देश कीटनाशकों के प्रति अत्यधिक सख्त हैं।

- **अनुशंसित कीटनाशक (Recommended Pesticides):** केवल **केंद्रीय कीटनाशक बोर्ड और पंजीकरण समिति (CIB&RC)** द्वारा मिर्च के लिए अनुमोदित कीटनाशकों का ही उपयोग करें।
- **अधिकतम अवशिष्ट सीमा (Maximum Residue Limit - MRL):** आयातक देश के MRL मानकों को कभी पार न करें। इसके लिए कीटनाशक के छिड़काव और मिर्च की कटाई के बीच **प्रतीक्षा अवधि (Pre-Harvest Interval - PHI)** का सख्ती से पालन अनिवार्य है।

- **प्रतिबंधित रसायन (Banned Chemicals):** निर्यात की जाने वाली मिर्च पर **मोनोक्रोटोफॉस (Monocrotophos)** और **ट्राइज़ोफॉस (Triazophos)** जैसे रसायनों का प्रयोग पूरी तरह से वर्जित है।

4. कटाई के बाद का प्रबंधन (Post-Harvest Management)

मिर्च में फफूंद (Fungus) लगने से रोकने के लिए यह सबसे संवेदनशील चरण है।

- **सुरक्षित सुखाना (Safe Drying):** मिर्च को कभी भी सीधे नंगी जमीन या मिट्टी पर न सुखाएं। सुखाने के लिए हमेशा **साफ़ तिरपाल (Clean tarpaulin), उठी हुई क्यारियों (Raised platforms), या सौर ड्रायर (Solar dryers)** का उपयोग करें।
- **सुरक्षित नमी स्तर (Safe Moisture Level):** निर्यात के लिए सूखी मिर्च में नमी की मात्रा **11% से कम** होनी चाहिए। इससे अधिक नमी होने पर **एफ्लाटॉक्सिन (Aflatoxin)** और **ओक्रैटॉक्सिन (Ochratoxin)** पैदा होने का खतरा बढ़ जाता है।

5. गुणवत्ता परीक्षण और प्रमाणन (Quality Testing and Certification)

- **प्रयोगशाला परीक्षण (Laboratory Testing):** शिपमेंट से पहले, मिर्च के नमूनों (Samples) की जांच **एपीडा मान्यता प्राप्त प्रयोगशालाओं (APEDA recognized labs)** में की जानी चाहिए।
- **अवैध रंग (Illegal Dyes):** परीक्षण में यह सुनिश्चित किया जाता है कि मिर्च के पाउडर या साबुत मिर्च में **सूडान डाई (Sudan Dye)** जैसे कृत्रिम और कैंसरकारी रंगों की मिलावट न हो।

6. ग्रेडिंग, पैकेजिंग और भंडारण (Grading, Packaging and Storage)

- **छंटाई और ग्रेडिंग (Sorting and Grading):** एगमार्क (Agmark) मानकों के अनुसार मिर्च को रंग, आकार और तीखेपन के आधार पर ग्रेड करें। टूटी, सड़ी और फफूंद लगी मिर्चों (Damaged and moldy chillies) को मैन्युअल रूप से या मशीनों द्वारा अलग करें।
- **खाद्य-ग्रेड पैकेजिंग (Food-Grade Packaging):** पैकेजिंग के लिए नए, साफ और नमी-रोधी जूट के बैग या **खाद्य-ग्रेड (Food-grade)** पैकेजिंग सामग्री का ही उपयोग करें। बैग पर ट्रेसनेट (Tracenet) का बारकोड अवश्य लगा होना चाहिए।
- **भंडारण (Storage):** गोदाम अच्छी तरह हवादार (Well-ventilated), कीट-मुक्त (Pest-free) और नमी-मुक्त होना चाहिए। बोरियों को लकड़ी के तख्तों **(Wooden pallets)** पर रखें, दीवार और फर्श से सटाकर न रखें।

7. निर्यात दस्तावेज़ीकरण (Export Documentation)

- **फाइटोसैनिटरी प्रमाणपत्र (Phytosanitary Certificate - PSC):** माल भेजने से पहले, **राष्ट्रीय वनस्पति संरक्षण संगठन (NPPO)** या प्लांट क्वारंटाइन (Plant Quarantine) विभाग से फाइटोसैनिटरी प्रमाणपत्र लेना अनिवार्य है। यह प्रमाणित करता है कि शिपमेंट में कोई हानिकारक कीट या बीमारियाँ नहीं हैं।

17

मूल्य संवर्धन

मूल्य संवर्धन (Value Addition)

मिर्च का **मूल्य संवर्धन (Value addition)** किसानों और निर्यातकों की आय को कई गुना बढ़ाने की सबसे प्रभावी वैज्ञानिक और व्यावसायिक रणनीति है। मूल्य संवर्धित उत्पादों की अंतर्राष्ट्रीय बाजार और **खाद्य प्रसंस्करण उद्योग (Food processing industry)** में अत्यधिक मांग है। मिर्च के प्रमुख मूल्य संवर्धित उत्पादों का विस्तृत विवरण निम्नलिखित है:

मिर्च पाउडर (Chilli Powder)

यह मिर्च का सबसे आम और व्यापक रूप से उपयोग होने वाला मूल्य संवर्धित उत्पाद है, जिसे पूरी तरह से सूखी लाल मिर्च को पीसकर तैयार किया जाता है। **फसाई (FSSAI)** के सख्त खाद्य सुरक्षा मानकों के अनुसार, गुणवत्तापूर्ण मिर्च पाउडर में **नमी की मात्रा (Moisture content) 11.0% (वजन के आधार पर) से अधिक नहीं होनी चाहिए।** इसके अलावा, इसमें **कुल भस्म (Total ash) अधिकतम 8.0%** और **अम्ल-अघुलनशील भस्म (Acid-insoluble ash) 1.3% से अधिक नहीं होनी चाहिए।** मसाला बोर्ड (Spices Board) और एपीडा (APEDA) के निर्यात दिशानिर्देशों के अनुसार, इसका व्यावसायिक मूल्य इसके तीखेपन और रंग पर निर्भर करता है, जिसे **एएसटीए रंग मान (ASTA color value)** में मापा जाता है। अंतरराष्ट्रीय मानकों

के अनुसार रंग को गहरा करने के लिए **सूडान डाई (Sudan dye)** जैसे किसी भी कृत्रिम रंग (Artificial color) की मिलावट पूर्णतः प्रतिबंधित (Strictly prohibited) है।

मिर्च ओलिओरेसिन (Chilli Oleoresin)

मिर्च ओलिओरेसिन (Chilli Oleoresin) एक अत्यधिक मूल्यवान और **संकेन्द्रित अर्क (Concentrated extract)** है, जिसे सूखी लाल मिर्च से **विलायक निष्कर्षण (Solvent extraction)** तकनीक (जैसे हेक्सेन का उपयोग करके) द्वारा प्राप्त किया जाता है। यह मिर्च के तीखेपन (कैप्साइसिन) और प्राकृतिक लाल रंग (कैप्सान्थिन) का एक गाढ़ा तरल मिश्रण होता है। ओलिओरेसिन का सबसे बड़ा लाभ यह है कि यह **सूक्ष्मजैविक संदूषण (Microbiological contamination)** से 100% मुक्त होता है, इसका मानकीकरण (Standardization) आसान है, और इसकी शेल्फ लाइफ (Shelf life) बहुत लंबी होती है। वैश्विक स्तर पर इसका व्यापक उपयोग **मांस प्रसंस्करण (Meat processing)**, सूप, सॉस निर्माण और **औषधीय उद्योग (Pharmaceutical industry)** में किया जाता है। भारत दुनिया भर में मिर्च ओलिओरेसिन का सबसे बड़ा निर्यातक राष्ट्र है।

कैप्साइसिन निष्कर्षण (Capsaicin Extraction)

उच्च तकनीकी मूल्य संवर्धन के तहत मिर्च से लगभग शुद्ध रूप में **कैप्साइसिन (Capsaicin)** का निष्कर्षण किया जाता है। कैप्साइसिन वह विशिष्ट **एल्केलॉइड रसायन (Alkaloid chemical)** है जो मिर्च में तीखापन पैदा करता है। फार्मास्युटिकल या **औषधीय उद्योग (Pharmaceutical industry)** में इसकी अत्यधिक वैश्विक मांग है। इसका उपयोग मुख्य रूप से गठिया (Arthritis), संधिवात (Rheumatism) और नसों के दर्द (Neuralgia) को ठीक करने के लिए **दर्द निवारक मलहम (Analgesic ointments)** और क्रीम बनाने में किया जाता है। इसके अतिरिक्त, इसका उपयोग सुरक्षा के दृष्टिकोण से **एयरोसोल रक्षा स्प्रे (Aerosol defense sprays)** या पेपर स्प्रे (Pepper spray) बनाने में भी प्रमुखता से किया जाता है।

मिर्च पेस्ट और प्यूरी (Chilli Paste and Puree)

मिर्च पेस्ट (Chilli paste) ताजी हरी मिर्च या सूखी लाल मिर्च को पीसकर और उसमें उचित **परिरक्षक (Preservatives)** मिलाकर तैयार किया जाता है। **फसाई (FSSAI)** के मानकों के अनुसार, पेस्ट की गुणवत्ता बनाए रखने और उसमें हानिकारक सूक्ष्मजीवों के विकास (Microbial growth) को रोकने के लिए उचित **पीएच स्तर (pH level)** (आमतौर पर 4.0 से कम) बनाए रखना अनिवार्य है, जिसके लिए **एसिटिक एसिड (Acetic acid)** या साइट्रिक एसिड का उपयोग किया जाता है। फास्ट फूड उद्योग और **रेडी-टू-ईट (Ready-to-eat)** खाद्य पदार्थों में स्वाद बढ़ाने वाले **व्यंजन-सामग्री (Condiment)** के रूप में इसकी भारी मांग है। एपीडा (APEDA) के मानकों के तहत निर्यात के लिए पेस्ट की पैकिंग पूर्णतः स्टरलाइज़्ड (Sterilized) बोतलों या पाउच में होनी चाहिए।

मिर्च के बीज का तेल (Chilli Seed Oil)

मूल्य संवर्धन की प्रक्रिया, विशेष रूप से पाउडर और ओलिओरेसिन निष्कर्षण के दौरान, मिर्च के बीजों को अलग कर लिया जाता है। इन कारखाने के अपशिष्ट बीजों (Waste seeds) से **मिर्च के बीज का तेल (Chilli seed oil)** निकाला जाता है। आईसीएआर (ICAR) के अनुसार, मिर्च के बीजों में लगभग **20 से 25 प्रतिशत वसा (20-25% fat)** होती है और यह लिनोलिक एसिड (Linoleic acid) जैसे **असंतृप्त वसीय अम्लों (Unsaturated fatty acids)** से भरपूर होता है। रिफाइनिंग के बाद इसे एक उत्कृष्ट **खाद्य तेल (Edible oil)** के रूप में उपयोग किया जा सकता है। इसके अलावा, औद्योगिक स्तर पर इसका उपयोग साबुन, पेंट और सौंदर्य प्रसाधन (Cosmetics) बनाने में किया जाता है, जो मिर्च प्रसंस्करण उद्योग में **शून्य अपशिष्ट (Zero waste)** उपयोग को सुनिश्चित करता है।

18

एकीकृत कीट एवं रोग प्रबंधन

एकीकृत कीट एवं रोग प्रबंधन (Integrated Pest and Disease Management)

प्रमुख कीट (Major insects)

थ्रिप्स (Thrips)

इस कीट का वैज्ञानिक नाम *सिट्ररोथ्रिटस डोरसेलिस* हुड़ (***Scirtothrips dorsalis*** **Hood**) यह छोटे-छोटे कीट, पत्तियों एवं पौधे के अन्य मुलायम भागों से रस चूसते हैं। इस कीट के प्रकोप से पत्तियां सिकुड़ जाती हैं तथा ऊपर की ओर मुड़ जाती हैं और नाव का आकार ले लेती हैं। प्रभावित फलों पर हल्के भूरे रंग के निशान दिखाई देतें हैं। पौधे की वृद्धि पर प्रतिकूल प्रभाव पड़ता है एवं उपज बहुत कम हो जाती है।

प्रबंधन (Management)

- मिर्च और प्याज मिश्रित फसल नहीं उगायें दोनों फसलों पर थ्रिप्स का प्रकोप होता है।
- रोपण के समय नीम खली @ 250 किलोग्राम प्रति हेक्टेयर की दर से रोपण के समय और रोपाई के 30 दिन बाद डालें।
- थ्रिप्स सहनशील किस्में पूसा ज्वाला, फुले ज्योति का उपयोग करें।

- नीले चिप चिपे कार्ड 25 प्रति हेक्टेयर की दर से फसल से 15 सेमी की ऊँचाई पर लगावें।
- इमिडाक्लोप्रिड 70% डब्ल्यूएस 10 ग्राम प्रति किलोग्राम बीज की दर से बीजोपचार करें।
- अधिक प्रकोप होने पर फिप्रोनिल 5% एसी 800-1000 मिली प्रति हेक्टेयर 500 लीटर पानी या साइंट्रानिलिप्रोएल 10.26% ओडी 600 मिली प्रति हेक्टेयर 500 या स्पिनेटोरम 11.70% एससी 470-500 मिली प्रति हेक्टेयर 400-500 लीटर पानी या फेनप्रोपेथ्रिन 30% ईसी 250-340 मिली प्रति हेक्टेयर 750-1000 या थियाक्लोप्रिड 21.70% एससी 225-300 मिली प्रति हेक्टेयर 500 लीटर पानी या इमिडाक्लोप्रीड 17.8% एसएल 125-250 मिली प्रति हेक्टेयर 500-700 लीटर पानी या स्पिनोसेड 45% एससी 150 मिली प्रति हेक्टेयर 500 लीटर पानी या लैम्ब्डा-सायलोथ्रिन 5% ईसी 300 मिली प्रति हेक्टेयर 400-600 लीटर पानी में घोलकर छिडकाव करें।
- कीटनाशकों का अदल बदल कर छिडकाव करें। एक ही प्रकार के कीटनाशक का लगातार छिडकाव नहीं करें ।

सफेद मक्खी (Whitefly)

इस कीट का वैज्ञानिक नाम***बेमेसिया टेबेकाई*** **(*Bemisia tabaci*)** है। इस कीट के शिशु एवं वयस्क पत्तियों की निचली सतह से रस चूसते हैं। सफेद मक्खी मिर्च में पर्ण कुंचन रोग को एक पौधे से दूसरे पौधे में फैलती है।

प्रबंधन (Management)

- पौधशाला को कीट अवरोधक जाली (40-50 मेश कीट अवरोधक नेट) के अंदर तैयार करें।
- खेत में सफेद मक्खी की निगरानी के लिए पीले प्रपंच (चिपचिपे कार्ड) 25 प्रति हेक्टेयर कि दर से लगाना चाहिए।
- सफेद मक्खी के नियंत्रण के लिए डिमप्रोपाइरिडाज़ 120 ग./ली एसएल (Dimpropyridaz 120g/lSL) 1000 मिली प्रति हेक्टेयर

500 लीटर पानी या फ्लोनिकामिड 50% डब्ल्यूजी 200 ग्राम प्रति हेक्टेयर 500 लीटर या ऐसिफेट 50% + इमिडाक्लोप्रिड 01.80% एसपी 1000 ग्राम प्रति हेक्टेयर 500 लीटर या बीटा-साइफ्लुथ्रिन 08.49% + इमिडाक्लोप्रिड 19.81% डब्ल्यू/डब्ल्यू ओडी 310 मिली प्रति हेक्टेयर 500 लीटर पानी या साइन्ट्रानिलिप्रोल 7.3% डब्ल्यू/डब्ल्यू + डायफेंथियूरॉन 36.4% डब्ल्यू/डब्ल्यू एससी 625 मिली प्रति हेक्टेयर 500 लीटर पानी या डायफेंथियूरॉन 40.1% + एसीटामिप्रिड 3.9% डब्ल्यू/डब्ल्यू डब्ल्यूपी 500 ग्राम प्रति हेक्टेयर 500 लीटर पानी या डायफेंथियूरॉन 30% + पाइरीप्रॉक्सीफेन 8% डब्ल्यू/डब्ल्यू एससी 1000 मिली प्रति हेक्टेयर 500 लीटर पानी या फ्लक्सामेटामाइड 5.81% + बाइफेंथ्रिन 5.81% ईसी (11.62% ईसी डब्ल्यू/डब्ल्यू) (12% ईसी डब्ल्यू/वी) 500 मिली प्रति हेक्टेयर 375 लीटर या हेक्सिथियाज़ॉक्स 3.5% + डायफेंथियूरॉन 42% डब्ल्यूडीजी 650 ग्राम प्रति हेक्टेयर 375 लीटर पानी या पाइरीप्रॉक्सीफेन 05% + फेनप्रोपैथ्रिन 15% ईसी 500 मिली प्रति हेक्टेयर 500 लीटर या पाइरीप्रॉक्सीफेन 05% + डायफेंथियूरॉन 25% एसई 1000 मिली प्रति हेक्टेयर 500 लीटर पानी या पाइरीप्रॉक्सीफेन 10% + बाइफेंथ्रिन 10% डब्ल्यू/डब्ल्यू ईसी 1250 मिली प्रति हेक्टेयर 500 लीटर या पाइरीप्रॉक्सीफेन 8% + डाइनोटेफ्यूरान 5% + डायफेंथियूरॉन 18% एससी 825 मिली प्रति हेक्टेयर 500 लीटर या टेट्रानिलिप्रोल 10.81% डब्ल्यू/डब्ल्यू + स्पायरोटेट्रामैट 21.62% डब्ल्यू/डब्ल्यू एससी 375 मिली प्रति हेक्टेयर 500 लीटर पानी या टोलफेनपाइराड 30% + पाइरीप्रॉक्सीफेन 10% + एसीटामिप्रिड 4% डब्ल्यू/डब्ल्यू ईसी 500 मिली प्रति हेक्टेयर 500 लीटर पानी में घोलकर छिडकाव करें।

- कीटनाशकों का अदल बदल कर छिडकाव करें। एक ही प्रकार के कीटनाशक का लगातार छिडकाव नहीं करें ।

पीली मकड़ी (Yellow mites)

इस कीट का वैज्ञानिक नाम ***पॉलीफागोटार्सोनमस लैटस*** **बैंकस (*Polyphagotarsonemus latus* Banks)** है। शिशु और वयस्क दोनों ही पत्तियों की निचली सतह से रस चूसते है। संक्रमण के परिणामस्वरूप पत्तियां नीचे की ओर मुड़ जाती हैं, प्रभावित पत्तियाँ नाव के आकार की उलटी हो जाती हैं। कुछ मामलों में प्रभावित पत्तियां गहरे हरे रंग की हो जाती हैं। नई पत्तियाँ का शाखाओं के सिरे पर गुच्छा बन जाता है।

प्रबंधन (Management)

- मकड़ी के नियंत्रण हेतु फेनजाक्विन 10% ईसी 1250 मिली प्रति हेक्टेयर 400-600 लीटर पानी या स्पिरोमेसिफेन 22.9% एससी 400 मिली प्रति हेक्टेयर 500-750 लीटर पानी या मिल्बेमेक्टिन 1% ईसी 350 मिली प्रति हेक्टेयर 500 लीटर पानी या क्लोरोफेनापायर 10% एससी 750-1000 मिली प्रति हेक्टेयर 500 लीटर पानी या फेनिप्रोक्सिमेट 5% ईसी 300-600 मिली प्रति हेक्टेयर 300-500 लीटर पानी में घोलकर छिडकाव करें।
- मकड़ीनाशकों का अदल बदल कर छिडकाव करें। एक ही प्रकार के मकड़ीनाशक का लगातार छिडकाव नहीं करें।

फल छेदक (Fruit borer)

इस कीट का वैज्ञानिक नाम***हेलीकोवर्पा आर्मीजेरा*** **(*Helicoverpa armigera*)** है।इस कीट की इल्ली फलों में छिद्र करके नुकसान पहुंचाती है। इल्ली कुछ समय के लिए पत्तियों पर भोजन करती है और फिर फलों पर हमला करती है। यह फलों में गोल छिद्र बनाकर उसके अंदर के भाग को खाती है। परिणाम स्वरूप फल झड़ जाते हैं।

प्रबंधन (Management)

- खेत की ग्रीष्म कालीन गहरी जुताई करें।
- वयस्कों को इकट्ठा करने के लिए लाइट ट्रैप 1 प्रति हेक्टेयर की दर से लगावें।

- कौवा, मैना आदि जैसे शिकारी पक्षियों को प्रोत्साहित करने के लिए बर्ड पर्चों को लगावें ।
- वयस्क कीट गतिविधि की निगरानी के लिए फेरोमोन ट्रैप @ 10-12 प्रति हेक्टेयर की दर स्थापित करें। हर 2-3 सप्ताह के बाद ल्यूर को नए ल्यूर से बदलें।
- अण्डों के समूह और इल्ली को इकट्ठा और नष्ट कर दें।
- *बेसिलस थूरिनजेंसिस* किस्म *गैलेराई* 1500-2000 ग्राम प्रति हेक्टेयर 1000 लीटर पानी में घोलकर छिडकाव करें या
- अधिक प्रकोप होने पर फल छेदक इल्लियों के प्रभावी नियंत्रण हेतु स्पिनोसेड 45% एससी 150 मिली प्रति हेक्टेयर 500 पानी या इमामेक्टिन बेंजोएट 5% एसजी 200 ग्राम प्रति हेक्टेयर 500 लीटर पानी या क्लोरोन्ट्रेनिलीप्रोल 18.5% एससी 150 मिली प्रति हेक्टेयर 500 लीटर पानी में घोलकर छिडकाव करें।
- कीटनाशकों का अदल बदल कर छिडकाव करें। एक ही प्रकार के कीटनाशक का लगातार छिडकाव नहीं करें ।

तम्बाकू की इल्ली (Tobacco caterpillar)

इस कीट का वैज्ञानिक नाम***स्पोडोप्टेरा लिटुरा*** (***Spodoptera litura***) है। इस कीट के अंडे सुनहरे पीले रंग के होते हैं, जो बड़े पैमाने पर रखे जाते हैं और रेशमी बालों से ढके होते हैं। लार्वा समूहों में देखे जाते हैं, इल्ली काले सिर या काले धब्बों के साथ हल्के हरे रंग के होते हैं, वयस्क भूरे रंग के होते हैं। फोरविंग्स भूरे रंग के होते हैं जिसमें लहरदार सफेद निशान होते हैं। इस कीट की इल्लियाँ शुरुआत में हरे पदार्थ को खुरचते हैं, जिसके कारण प्रभावित पत्ती पर एक सफेद संरचना दिखाई देती है । बाद में इल्ली पत्तियों पर छोटे-छोटे छेद करके पत्तियों को खाती है। गंभीर प्रकोप में इल्ली पूरे लैमिना और पेटिओल को को खा जाती है।

प्रबंधन (Management)

- खेत की ग्रीष्म कालीन गहरी जुताई करें।

- अंडे देने वाली मादा वयस्क पतंगों को आकर्षित करने के लिए अरंडी को खेत की सीमा के साथ जाल फसल के रूप में उगाया जा सकता है।
- वयस्कों को इकट्ठा करने के लिए लाइट ट्रैप 1 प्रति हेक्टेयर की दर से लगावें।
- कौवा, मैना आदि जैसे शिकारी पक्षियों को प्रोत्साहित करने के लिए बर्ड पर्चों को लगावें ।
- वयस्क कीट गतिविधि की निगरानी के लिए फेरोमोन ट्रैप @ 10-12 प्रति हेक्टेयर की दर स्थापित करें। हर 2-3 सप्ताह के बाद ल्यूर को नए ल्यूर से बदलें।
- अण्डों के समूह और इल्ली को इकट्ठा और नष्ट कर दें।
- इल्लियों के प्रभावी नियंत्रण हेतु इमामेक्टिन बेंजोएट 5% एसजी 200 ग्राम प्रति हेक्टेयर 500 लीटर पानी या क्लोरोन्ट्रेनिलीप्रोल 18.5% एससी 150 मिली प्रति हेक्टेयर 500 लीटर पानी में घोलकर छिडकाव करें।
- कीटनाशकों का अदल बदल कर छिडकाव करें। एक ही प्रकार के कीटनाशक का लगातार छिडकाव नहीं करें ।

माहू (Aphid)

इस कीट का वैज्ञानिक नाम*एफिस गोसीपाई* ग्लोवर (***Aphis gossypii*** **Glover)** है।यह कीट पत्तियों एवं पौधों के अन्य कोमल भागों से रस चूसकर पत्तियों एवं कोमल भागों पर मधुरस स्त्राव करते हैं, जिससे सूटी मोल्ड फफूंद विकसित हो जाती है। परिणाम स्वरूप फल काले पड़ जाते हैं। यह कीट विषाणु रोग का प्रसार करता है।

प्रबंधन (Management)

- माहू के नियंत्रण के लिए इमिडाक्लोप्रीड 17.8% एसएल 125-250 मिली प्रति हेक्टेयर 500- 700 लीटर पानी या डायफेंटियूरोन 47% + बिफेंट्रिन 9.40% w/w एससी 500-750 मिली प्रति हेक्टेयर 500 लीटर पानी में घोलकर छिडकाव करें ।

- कीटनाशकों का अदल बदल कर छिडकाव करें। एक ही प्रकार के कीटनाशक का लगातार छिडकाव नहीं करें ।

सफेद लट (White grub)

इस कीट का वैज्ञानिक नाम ***एनोमाला बेनगेलेन्सिस (Anomala bengalensis),* *होलोट्राइका कनसेनगुईना* (Holotrichia consanguinea)** एवं ***होलोट्राइका रेनाउड़ी* (Holotrichiareynaudi)** है। पहली वर्षा के समय इस कीट की मादा भूमि में अण्डे देती है। जिनसे ग्रब निकलते हैं जो कि पौधों की जड़ों को खाते हैं। ग्रसित पौधों के पास से मिट्टी से इल्ली निकाल कर उन्हें नष्ट करें।

प्रबंधन (Management)

- खेत की गहरी जुताई करके फसलों एवं खरपतवारों के अवशेषों को नष्ट कर देना चाहिए।
- बुवाई समय से तथा पौधों की वांछित दूरी बनाये रखी जानी चाहिए।
- भूमि शोधन हेतु *ब्यूवेरिया बैसियाना* 1.15% 2.5 किग्रा. प्रति हेक्टेयर की दर से 100 किग्रा. गोबर की खाद में मिलाकर 8-10 दिन रखने के उपरान्त प्रभावित खेत में प्रयोग करना चाहिए।
- खड़ी फसल में कीट की रोकथाम हेतु *मेटाराइजियम एनिसोप्ली* 2.5 किग्रा. प्रति हेक्टेयर की दर से 500 लीटर पानी में घोलकर सायंकाल छिडकाव करना चाहिए जिसे आवश्यकतानुसार 15 दिन के अन्तराल पर दोहराया जा सकता है।
- रसायनिक नियंत्रण हेतु क्लोरपाइरीफास 20% ईसी 2000 मिली प्रति हेक्टेयर 1000 लीटर पानी में घोलकर ड्रेंचिंग करना चाहिए या कार्बोफ्यूरान 3% सीजी 33 किलोग्राम प्रति हेक्टेयर की दर से भुरकाव करना चाहिए।

दक्षिण पूर्व एशियाई थ्रिप्स (ब्लैक थ्रिप्स) (South East Asian Thrips)

दक्षिण पूर्व एशियाई थ्रिप्स (ब्लैक थ्रिप्स),*थ्रिप्स पारविस्पिनस* ***(Thrips parvispinus)*** "थ्रिप्स ओरिएंटलिस समूह" (माउंड, 2005) का एक सदस्य, संगरोध महत्व की एक व्यापक कीट प्रजाति है और इसे दक्षिण पूर्व एशिया की कीट प्रजातियों में से एक के रूप में नामित किया गया है। भारत में इस प्रजाति के पाए जाने की सूचना सबसे पहले त्यागी एटल (2015) ने बेंगलुरु के पपीता पर दी थी।

थ्रिप्स परविस्पिनस के वयस्क मुख्य रूप से फूलों और पत्तियों के नीचे निवास करते हैं जबकि लार्वा खुद को पत्तियों की निचली सतह तक ही सीमित रखते हैं। वयस्क और लार्वा दोनों ही पौधों का रस चूसकर उन्हें नुकसान पहुंचाते हैं। भारी संक्रमण से पौधे की वृद्धि प्रभावित होती है, फूल झड़ जाते हैं और फलों का बनना और विकास कम हो जाता है, जिसके परिणामस्वरूप अंततः उपज में हानि होती है। 2021 के दौरान, मिर्च की फसल में देश के दक्षिणी हिस्सों में अन्य थ्रिप्स प्रजातियों के विपरीत उत्तर पूर्वी मानसून की भारी वर्षा के कारण ***टी. पारविस्पिनस*** का भारी संक्रमण देखा गया। थ्रिप्स क्षति के लक्षणों में पत्तियों की निचली सतह पर गहरे घाव और खरोंचें शामिल हैं। संक्रमित पत्ती की निचली सतह लाल भूरे रंग की हो जाती है, जबकि ऐसी पत्ती का ऊपरी भाग पीला दिखाई देता है। नेक्रोटिक क्षेत्रों और पीली धारियों के साथ विकृत पत्ती की परत काफी सामान्य लक्षण हैं। फूलों के हिस्सों पर, थ्रिप्स द्वारा खरोंचने के कारण पंखुड़ियों पर भूरे रंग की धारियाँ दिखाई देती हैं। क्षति के परिणामस्वरूप फूल सूख जाते हैं और मुरझा जाते हैं जिससे फलों का बनना कम हो जाता है। गंभीर संक्रमण पौधे की वृद्धि को प्रभावित करता है क्योंकि थ्रिप्स पौधे के बढ़ते हिस्सों को खाता है और गंभीर रूप से संक्रमित खेतों में फूल भी गिर जाते हैं। कई वयस्कों, नर और मादा दोनों को मिर्च के फूलों के अमृत क्षेत्र में भोजन करते और छिपते हुए देखा गया।

प्रबंधन (Management)

कृषि विधियाँ (Cultural Methods)

- थ्रिप्स और अन्य कीटों के प्यूपा और अवशिष्ट चरणों को नष्ट करने के लिए गर्मियों में गहरी जुताई करें।
- अच्छी तरह से विघटित गोबर की खाद (FYM) या कम्पोस्ट 250 क्विंटल /हेक्टेयर की दर से, *मेटारिज़ियम एनिसोप्लिया* या *स्यूडोमोनास फ्लोरेसेंस* 2 किग्रा/प्रति हेक्टेयर गोबर की खाद के साथ मिलाकर उपयोग करें।
- थ्रिप्स के खिलाफ प्रतिरोध पैदा करने के लिए मिट्टी में 5 क्विंटल नीम की खली और 15-20 क्विंटल वर्मी-कम्पोस्ट/हेक्टेयर का उपयोग करें।
- इमिडाक्लोरपिड 70 डब्लूएस @10 ग्राम प्रति किलोग्राम बीज की दर से बीज उपचार करें।
- पौध की जड़ों को इमिडाक्लोरपिड 17.8% एसएल @ 0.3 मिली/लीटर के घोल में 30 मिनट तक डुबोएं।
- अनुशंसित दूरी (60 x 30 सेमी या 45 x 45 सेमी) का पालन करें और करीबी दूरी से बचें, क्योंकि उच्च घनत्व वाला रोपण कीट की घटना और गुणन को बढ़ावा देता है।
- कीटों के खिलाफ पौधों की प्रतिरोधक क्षमता बढ़ाने के लिए नाइट्रोजन, फॉस्फोरस और पोटाश के साथ संतुलित उर्वरकों का उपयोग करें।
- मिट्टी में थ्रिप्स के प्यूपेशन को कम करने के लिए 25-30 माइक्रोन मोटाई की रजत (silver) रंग की पॉलिथीन शीट से मल्चिंग करें।
- थ्रिप्स प्रकोप के लिए बाधा के रूप में ज्वार/मक्का/बाजरा आदि जैसी लंबी बढ़ती फसलों की 2-3 पंक्तियाँ खेत के चारों और लगावें ।
- प्राकृतिक शत्रु गुणन के लिए अवरोधक फसलों के रूप में 10:3:1 पर मक्का/ज्वार और लोबिया के साथ मिर्च की अंतर फसल लगाने से थ्रिप्स का जैविक नियंत्रण होता है।
- मिट्टी में रहने वाले थ्रिप्स के प्यूपा को नष्ट करने के लिए बार-बार निदाई -गुड़ाई करें।
- कीटों के प्रबंधन के लिए स्वच्छ खेती और खरपतवार मुक्त मेड़ों को बनाए रखना महत्वपूर्ण है। खेत के मेड़ों के आसपास मौजूद

पार्थेनियम हिस्टेरोफोरस, क्लियोम विस्कोसा, प्रोसोपिस एसपी, लैंटाना कैमारा, कैलोट्रोपिस एसपी, *टेकोमा* एसपी, *एबूटिलोन* एसपी, जंगली *सोलनम* एसपी आदि जैसे खरपतवारों को उखाड़ कर नष्ट करें।

- पोएसी या ग्रेमिनी परिवार (अनाज) से संबंधित फसलों के साथ फसल चक्र अपनाएँ ।

यांत्रिक विधियाँ (Mechanical Methods)

- शीर्ष भागों पर रहने वाले थ्रिप्स को नष्ट करने के लिए वानस्पतिक अवस्था में गंभीर रूप से संक्रमित शीर्ष प्ररोहों को तोड़ना और नष्ट करना।
- गंभीर रूप से संक्रमित पौधों को उखाड़कर, गाड़कर या जलाकर यांत्रिक रूप से नष्ट करना।
- बड़े पैमाने पर फंसाने के उद्देश्य से फसल केनोपी की ऊंचाई पर 65-75 नीले जाल/हेक्टेयर लगावें।
- बाढ़ सिंचाई के बजाय स्प्रिंकलर सिंचाई प्रणाली को अपनाना, क्योंकि स्प्रिंकलर से पानी की बौछार थ्रिप्स की वृद्धि और गुणन को बाधित करती है।

जैविक विधियाँ (Biological Methods)

- जहां तक संभव हो रासायनिक कीटनाशकों के छिड़काव से बचकर देशी प्राकृतिक शत्रुओं का संरक्षण करें ।
- माइक्रोबियल आधारित कीटनाशकों जैसे *ब्यूवेरिया बैसियाना* या *लेकनिसिलियम लेकानी* का 4 ग्राम या एमएल/लीटर (बीजाणु भार - 1x108 सीएफयू/जी या एमएल) का छिडकाव करें ।
- एंटोमो-पैथोजेनिक नेमाटोड (ईपीएन), *स्टीनरनेमा कार्पोकैप्सए* फॉर्मूलेशन का 10 ग्राम/एल + 1 ग्राम गीला करने वाले एजेंट का पत्ते पर छिडकाव करें ।

- 7.50- 12.50 किग्रा/हेक्टेयर पर ईपीएन, *स्टीनरनेमा कार्पोकैप्सएर* या *हेटेरोरहेबडाइटिस इंडिका* का मिट्टी में अनुप्रयोग। इसे 500 -750 लीटर पानी में मिलाकर मिट्टी को भिगोने के रूप में लगाया जा सकता है। ईपीएन का उपयोग सुबह जल्दी या देर शाम के समय किया जाना चाहिए। क्योंकि वे यूवी और उच्च तापमान के प्रति संवेदनशील होते हैं। तेज़ धूप वाले समय में ईपीएन का छिड़काव करने से बचें।

वानस्पतिक विधियाँ (Botanical/ Organic Methods)

- नीम बीज गिरी अर्क (एनएसकेई) या 5% नीम बीज पाउडर अर्क या 0.50% नीम तेल (5 मिली/लीटर), 0.50% पोंगामिया तेल (5 मिली/लीटर), और 5% विटेक्स नेगुंडो अर्क (50 मिली/लीटर) का छिड़काव करें।
- नीम आधारित कीटनाशक (एजाडिरेक्टिन 3000 पीपीएम) के व्यावसायिक फॉर्मूलेशन का 2 मिली/लीटर (कितना पानी/ हेक्टेयर) की दर से छिड़काव करें।
- 2% फिश ऑयल रोजिन साबुन (FORS) (20 मिली/लीटर) का केवल या नीम बीज गिरी अर्क के साथ छिड़काव करें।
- थ्रिप्स की गंभीर घटनाओं का सामना करने के लिए पौधे में प्रतिरोध उत्पन्न करने के लिए 2 मिली/लीटर की दर से समुद्री खरपतवार (*कप्पाफाइकस अल्वारेज़ी*) अर्क का छिड़काव करें ।

रासायनिक विधियाँ (Chemical Methods)

- अंतिम उपाय के रूप में, नीचे दिए गए अनुबंध में दिए गए अनुसार लेबल दावा कीटनाशकों का आवश्यकता आधारित और विवेकपूर्ण छिड़काव करें।
- पूरे पौधे पर समान रूप से छिड़काव किया जाना चाहिए।

- छिड़काव करते समय कीटनाशक घोल को उचित स्टिकर और स्प्रेडर के साथ मिलाया जाना चाहिए।
- अपंजीकृत कृषि-रसायनों जैसे कीटनाशकों, पौधों के विकास नियामकों, पोषक तत्वों के मिश्रण आदि के छिड़काव से सख्ती से बचना चाहिए।
- थ्रिप्स के पुनरुत्थान (अचानक फैलने) पर काबू पाने के लिए एक ही क्रिया प्रणाली वाले रासायनिक कीटनाशकों का बार-बार छिड़काव और उप-घातक खुराक के छिड़काव से बचा जाना चाहिए।
- अधिक प्रकोप होने पर अंतिम विकल्प के तौर पर फिप्रोनिल 5% एसी 800-1000 मिली प्रति हेक्टेयर 500 लीटर पानी या साइंट्रानिलिप्रोएल 10.26% ओडी 600 मिली प्रति हेक्टेयर 500 या स्पिनेटोरम 11.70% एससी 470-500 मिली प्रति हेक्टेयर 400-500 लीटर पानी या फेनप्रोपेथ्रिन 30% ईसी 250-340 मिली प्रति हेक्टेयर 750-1000 या थियाक्लोप्रिड 21.70% एससी 225-300 मिली प्रति हेक्टेयर 500 लीटर पानी या इमिडाक्लोप्रीड 17.8% एसएल 125-250 मिली प्रति हेक्टेयर 500-700 लीटर पानी या स्पिनोसेड 45% एससी 150 मिली प्रति हेक्टेयर 500 लीटर पानी या लैम्ब्डा-सायलोथ्रिन 5% ईसी 300 मिली प्रति हेक्टेयर 400-600 लीटर पानी में घोलकर छिडकाव करें।
- कीटनाशकों का अदल बदल कर छिडकाव करें। एक ही प्रकार के कीटनाशक का लगातार छिडकाव नहीं करें ।

प्रमुख रोग (Major diseases)

आर्द गलन (Damping off)

यह रोग ***पीथियम एफिनिडेडरमेटम*** ***(Pythium aphanidermatum)***नामक फफूंद से होता है। इस रोग में भूमि की सतह से पौधा गलकर नीचे गिर जाता है। नर्सरी में पौधो की सघनता, अधिक नमी, भारी मिट्‌टी, जल निकासी का न होना एवं उच्च तापमान रोग को फैलाने की लिए उचित दशाएं हैं ।

प्रबंधन (Management)

- खेत के अत्यधिक पानी और खराब जल निकासी वाले क्षेत्रों से बचना चाहिए।
- उठी हुई क्यारियां बनाएं 15 सेमी से अधिक ऊँचाई बेहतर होती है।
- पौधशाला में पौधों की संख्या नियंत्रित रखें, बहुत अधिक न रहने दें।
- पौध को प्रो-ट्रे/प्लग ट्रे में उगाएं।
- बीज की बुआई के पूर्व *ट्राइकोडर्मा विरडी* 1% डब्ल्यूपी 4 ग्राम प्रति किलोग्राम बीज या *ट्राइकोडर्मा विरडी* 5% एससी 2 मिली प्रति किलोग्राम बीज की दर से बीजोपचार करें या मेटलैक्सिल-एम 31.8% ईएस 2 मिली प्रति किलोग्राम बीज की दर से बीजोपचार करें।
- मिट्टी में *स्यूडोमोनस फ्लोरेसेंस* @ 2.5 किलोग्राम प्रति हेक्टेयर 50 किग्रा गोबर की खाद के साथ मिलाएँ।
- रोग का प्रकोप होने पर कॉपर ऑक्सीक्लोराइड 50% डब्ल्यूपी 2.5 ग्राम प्रति लीटर पानी में घोलकर 4 लीटर / वर्ग मीटर की दर से ड्रेंचिंग करें।

फल गलन एवं पत्ती धब्बा (Fruit rot and leaf blight)

मिर्च में यह रोग एक फफूदी ***फाइटोपाथोरा* स्पीसीज (*Phytophthora* spp)** से होता है। फलों पर छोटे जलसोकित (water soaked) धब्बे फलों पर दिखाई देते हैं जो उन्हें पूरी तरह से सड़ा देते हैं और फसल की पैदावार प्रभावित होती है।

प्रबंधन (Management)

- स्वस्थ रोगजनक मुक्त मिर्च बीज का उपयोग करें।
- स्वस्थ रोगजनक मुक्त मिर्च पौध तैयार करें ।
- प्रभावित पौधों को समय से पहले हटाने से रोगों के प्रसार को नियंत्रित किया जा सकता है ।
- फफूंद संक्रमण से बचने के लिए नर्सरी क्यारियों और खेतों में पानी का ठहराव नहीं होने देना चाहिए।
- खेत को संक्रमित पौधों के मलबे से मुक्त रखें ।

- कॉपर ऑक्सिक्लोराइड 50% डब्ल्यूपी 2500 ग्राम प्रति हेक्टेयर 750-1000 लीटर पानी या क्लोरोथालोनिल 75% डब्ल्यूपी 800 ग्राम प्रति हेक्टेयर 750 लीटर पानी या डाईफेनाकोनाज़ोल 25% ईसी 250 मिली प्रति हेक्टेयर 500 लीटर पानी या किटाज़िन 48% ईसी 500 मिली प्रति हेक्टेयर 500 लीटर पानी या एजोक्सिस्ट्रोबिन 11% + टेबुकोनाज़ोल 25.9% ईसी 500-750 मिली प्रति हेक्टेयर 500 लीटर पानी या एजोक्सिस्ट्रोबिन 18.2% + डायफेनाकोनाजोल 11.4% एससी 500 मिली प्रति हेक्टेयर 500 लीटर पानी में घोलकर छिडकाव करें।

श्यामवर्ण (Anthracnose)

मिर्च का यह अतिव्यापक रोग है। यह रोग ***कोलेटोट्राइकम कैप्सीकी*** **(*Colletotrichum capsici*)** नामक फफूंदी से होता है। फलों पर यह रोग पकने की अवस्था में होता है। जब फल लाल होने लगते हैं उन पर छोटे काले और गोल धब्बे दिखाई पड़ते हैं ये धब्बे फल की लंबाई में बढ़ते हैं। बाद में इनका रंग धूसर हो जाता है। अंतिम अवस्था में फल काले होकर गिर जाते हैं।

प्रबंधन (Management)

- स्वस्थ रोगजनक मुक्त मिर्च बीज का उपयोग करें।
- स्वस्थ रोगजनक मुक्त मिर्च पौध तैयार करें ।
- प्रभावित पौधों को समय से पहले हटाने से रोगों के प्रसार को नियंत्रित किया जा सकता है ।
- फफूंद संक्रमण से बचने के लिए नर्सरी क्यारियों और खेतों में पानी का ठहराव नहीं होने देना चाहिए।
- खेत को संक्रमित पौधों के मलबे से मुक्त रखें ।
- कॉपर हाइड्रॉक्साइड 53.8% डीएफ 1000 ग्राम प्रति हेक्टेयर 500 लीटर पानी या हेक्साकोनाजोल 75% डब्ल्यूजी 68 ग्राम प्रति हेक्टेयर 500 लीटर पानी या एजोक्सिस्ट्रोबिन 18.2% + डायफेनाकोनाजोल 11.4% एससी 500 मिली प्रति हेक्टेयर 500

लीटर पानी या टेबुकोनाज़ोल 50% + ट्राईफ्लोक्सिस्ट्रोबिन 25% डब्ल्यूजी 250 ग्राम प्रति हेक्टेयर 500 लीटर पानी में घोलकर छिडकाव करें।

टहनी मार रोग (Diaback)

मिर्च का यह अतिव्यापक रोग है। यह रोग ***कोलेटोट्राइकम कैप्सीकी***(*Colletotrichum capsici*) नामक फफूंदी से होता है। विकसित पौधों पर रोग के कारण शाखाओं का कोमल ऊपर का भाग सूख जाता है। बाद में सूखने की क्रिया नीचे की ओर बढ़ती है।

प्रबंधन (Management)

- स्वस्थ रोगजनक मुक्त मिर्च बीज का उपयोग करें।
- स्वस्थ रोगजनक मुक्त मिर्च पौध तैयार करें ।
- प्रभावित पौधों को समय से पहले हटाने से रोगों के प्रसार को नियंत्रित किया जा सकता है ।
- फफूंद संक्रमण से बचने के लिए नर्सरी क्यारियों और खेतों में पानी का ठहराव नहीं होने देना चाहिए।
- खेत को संक्रमित पौधों के मलबे से मुक्त रखें ।
- डाईफेनाकोनाज़ोल 25% ईसी 250 मिली प्रति हेक्टेयर 500 लीटर पानी या किटाज़िन 48% ईसी 500 मिली प्रति हेक्टेयर 500 लीटर पानी या क्रेसोज़िम-मिथाइल 44.3% एससी 500 मिली प्रति हेक्टेयर 500 लीटर पानी या एजोक्सिस्ट्रोबिन 11% + टेबुकोनाज़ोल 18.3% एससी 600 मिली प्रति हेक्टेयर 500-750 लीटर पानी में घोलकर छिडकाव करें।

उकटा रोग (Wilt)

यह रोग ***फुसैरियम सोलानी*** (***Fusarium solani***) नामक फफूंद से होता है। इस रोग में खेत में पहले निचली पत्तियों का पीलापन और प्रभावित पत्तियाँ मुरझाकर मर जाती हैं। बाद के चरण में, संवहनी तंत्र का भूरापन होना है। अंत में पौधे मुरझा कर मर जाते हैं।

प्रबंधन (Management)

- फसल चक्र अपनाएँ।
- रोग प्रतिरोधक किस्मों का उपयोग करें।
- बीज को बुआई के पूर्व *ट्राइकोडर्मा विरडी* 1% डब्ल्यूपी 4 ग्राम प्रति किलोग्राम बीज या कार्बेन्डाजिम 50% डब्ल्यूपी 2 ग्राम प्रति किलोग्राम बीज की दर से उपचारित करें।
- *ट्राइकोडर्मा विरडी* 2.5 किलोग्राम प्रति हेक्टेयर की दर से 50 किलोग्राम गोबर की खाद में मिलाकर पानी छिड़कें और एक पतली पॉलिथीन शीट के साथ कवर करें। जब 7 दिनों के बाद ढेर पर मायसेलिया की वृद्धि दिखाई देती है, तो मिश्रण को एक हेक्टेयर के क्षेत्र में मिर्च की पंक्तियों में डाल कर गुडाई करें।

भभूतिया (Powdery mildew)

यह रोग ***लेवेइलुला टौरिका (Leveillula taurica)*** नामक फफूंद से होता है। रोग के लक्षण पत्तियों की निचली सतह एवं नए तनों पर सफेद चूर्णी धब्बे पाउडर के रुप में दिखाई देते हैं। सफेद पाउडर कोटिंग ज्यादातर निचली सतह पर और कभी-कभी ऊपरी सतह पर दिखाई देती है। तदनुरूप ऊपरी सतह पर पीले धब्बे दिखाई देते हैं । गंभीर संक्रमण के परिणामस्वरूप प्रभावित पत्तियां सूख जाती हैं और झड़ जाती हैं। शाखाओं और युवा फलों पर भी चूर्ण की वृद्धि देखी जा सकती है। रोगग्रस्त फल आगे नहीं बढ़ते हैं और समय से पहले गिर जाते हैं। पत्तियां झड़ने एवं प्रकाश संश्लेषण की क्रिया बाधित होने के कारण इस रोग से 14 से 20% तक नुकसान का आंकलन किया गया है। यह रोग 60% से कम आद्रता एवं 15-30 डिग्री सेल्सियस तापमान पर तेजी से फैलता है। इस रोग का प्रकोप सामान्तया नवम्बर से फरवरी में अधिक होता है।

प्रबंधन (Management)

- सल्फर 80% डब्ल्यूपी 3125 ग्राम प्रति हेक्टेयर 750-1000 लीटर पानी या सायफ्लूफेनामिड 5% ईडब्लू 300 मिली प्रति हेक्टेयर 500 लीटर पानी या एजोक्सिस्ट्रोबिन 23% एससी 500-750 मिली प्रति हेक्टेयर 500 लीटर पानी या टेबुकोनाजोल 25.9% ईसी 500-750 मिली प्रति हेक्टेयर 500 लीटर पानी या एजोक्सिस्ट्रोबिन 11% + टेबुकोनाज़ोल 25.9% ईसी 500-750 मिली प्रति हेक्टेयर 500 लीटर पानी या एजोक्सिस्ट्रोबिन 18.2% + डायफेनाकोनाजोल 11.4% एससी 500 मिली प्रति हेक्टेयर 500 लीटर पानी या एजोक्सिस्ट्रोबिन 11% + टेबुकोनाज़ोल 18.3% एससी 600 मिली प्रति हेक्टेयर 500-750 लीटर पानी या टेबुकोनाज़ोल 50% + ट्राईफ्लोक्सिस्ट्रोबिन 25% डब्ल्यूजी 250 ग्राम प्रति हेक्टेयर 500 लीटर पानी में घोलकर छिड़काव करें।

कोएनफोरा ब्लाइट (Choeanephora blight)

यह रोग ***कोएनफोरा कुकरबिटेरम*** ***(Coeanephora cucurbitarum)***नामक फफूंद से होता है। इस रोग से प्रारंभिक फूल अवस्था तक पौधे अतिसंवेदनशील होते हैं। यह रोग जीवित ऊतकों पर हमला करता है। कैलीक्स के आसपास मुख्य रूप से संक्रमण देखा जाता है। रोगज़नक़ फूलों पर सेन्सिंग पंखुड़ियों के माध्यम से हमला करता है और फूलों पर उगता है जिसके परिणामस्वरूप भूरा या काला सड़ा हुआ ऊतक दिखाई है। फूल के डंठल, कलियों और पत्तियों पर बाद में हमला किया जाता है। संक्रमित ऊतकों पर कवक की तरह कड़े सिलवरी द्रव्यमान या फंगल विकास के बालों वाली आकृति विकसित होती हैं, जिन पर बीजाणुओं का काला द्रव्यमान उत्पन्न होता है, जो मुख्य नैदानिक विशेषता है। संक्रमित नए फल गिर कर सकते हैं। पौधों की अलग-अलग शाखाओं पर हमला किया जा सकता है जो डाईबैक के समान दिखती है।

प्रबंधन (Management)

- पिकोक्सिस्ट्रोबिन 6.78% + ट्राईसाइक्लाज़ोल 20.33% एससी 1000 मिली प्रति हेक्टेयर 500 लीटर पानी में घोलकर छिडकाव करें।

अल्टरनेरिया पत्ती धब्बा (Alternaria leaf spot)

यह रोग ***अल्टरनेरिया सोलानी*** (*Alternaria solani*) नामक फफूंद से होता है। यह वृद्धि के किसी भी चरण में पत्ते पर होने वाली मिर्च की एक सामान्य बीमारी है। फफूंद पत्ते पर हमला करता है, जिससे पत्तों पर धब्बे बन जाते हैं। सबसे पहले धब्बे पौधों पर छोटे, काले घावों के रूप में ज्यादातर पुराने पत्ते पर देखा गया है। जब धब्बे एक चौथाई इंच व्यास या बड़े होते हैं, तब तक रोगग्रस्त क्षेत्र के केंद्र में बैल की आंख के पैटर्न में संकेंद्रित छल्ले देखे जा सकते हैं। धब्बों के आसपास के ऊतक पीले होते हैं। यदि इस समय उच्च तापमान और आर्द्रता होती है, तो अधिकांश पत्ते मर जाते हैं। तने पर घाव पत्तियों के समान होते हैं, कभी-कभी मिट्टी की रेखा के पास होने पर पौधे को घेर लेते हैं। फफूंद फल को भी संक्रमित करता है, फलों पर संकेंद्रित वलय भी मौजूद होते हैं।

प्रबंधन (Management)

- पर्याप्त वायु परिसंचरण बनाए रखने के लिए अनुशंसित दूरी पर रोपाई करें।
- प्रतिरोधी किस्में उगाएं।
- टेबुकोनाज़ोल 50% + ट्राईफ्लोक्सिस्ट्रोबिन 25% डब्ल्यूजी 250 ग्राम प्रति हेक्टेयर 500 लीटर पानी में घोलकर छिडकाव करें।

सर्कोस्पोरा पत्ती धब्बा (Cercospora leaf spot)

यह रोग ***सर्कोस्पोरा केप्सिकी*** (*Cercospora capsici*) नामक फफूंद से होता है। इस रोग में पत्तियों पर भूरे रंग के केंद्र वाले गोलाकार धब्बे दिखाई देते हैं। धब्बे बड़े हो जाते हैं और आपस में मिल जाते हैं, धब्बे का मध्य भाग सफेद हो जाता है और पत्तियाँ पीली होकर मुरझा जाती हैं। कभी-कभी धब्बे का मध्य भाग गिर जाता है। धब्बे तनों और

टहनियों पर भी गहरे भूरे रंग के, सफेद केंद्रों के साथ अनियमित घावों के रूप में दिखाई देते हैं, गंभीर मामलों में टहनियां मर जाती हैं ।

प्रबंधन (Management)

- कॉपर ऑक्सिक्लोराइड 50% डब्ल्यूपी 2500 ग्राम प्रति हेक्टेयर 750-1000 लीटर पानी में घोलकर छिडकाव करें या मेन्कोजेब 75% डब्ल्यूपी 1500-2000 ग्राम प्रति हेक्टेयर 750 लीटर पानी में घोलकर छिडकाव करें।

जीवाणु पत्ती धब्बा (Bacterial leaf spot)

यह रोग *ज़ैंथोमोनस कैंपेस्ट्रिस* पीवी. *वेसीकटोरिया* (***Xanthomonas campestris* pv. *vesicatoria***) नामक जीवाणु से होता है। इस रोग में पत्ते, फल और तने प्रभावित होते हैं पत्ती पर घाव गोलाकार, पानी से लथपथ धब्बे के रूप में शुरू होते हैं। धब्बे क्लोरोटिक सीमाओं के साथ भूरे रंग के केंद्र के साथ परिगलित और बढ़े हुए धब्बे भूसे के रंग के केंद्र विकसित करते हैं। घाव पत्ती की निचली सतह पर थोड़े उभरे हुए होते हैं, गंभीर धब्बेदार पत्तियाँ पीली होकर गिर जाती हैं। तनों पर संकीर्ण लम्बी घाव या धारियाँ विकसित हो जाती हैं और फलों पर उभरे हुए भूरे रंग के घाव दिखाई देते हैं।

प्रबंधन (Management)

- क्षेत्र की स्वच्छता महत्वपूर्ण है। साथ ही रोग मुक्त पौधों से बीज प्राप्त करना चाहिए।
- स्वस्थ फलों से ही बीजों का संग्रह करना चाहिए।
- स्ट्रेप्टोमाइसिन सल्फेट 9% + टेट्रासाइक्लिन हाइड्रोक्लोराइड 1% एसपी घोल (स्ट्रेप्टोसाइक्लिन) 40-100 पीपीएम के दो छिडकाव एक रोपण से पहले (नर्सरी) और दूसरा रोपण के बाद करें।

विषाणु रोग (Viral disease)

मिर्च पर्ण कुंचन (*chilli Leaf curl virus*)

मिर्च में पर्ण कुंचन/ कुकड़ा (*chilli Leaf curl virus)* (ChiLCV) एक विषाणु जनित रोग है। यह **बेगोमोवायरस** वंश के अंतर्गत आता है। इस रोग के कारण मिर्च की पत्तियाॅ छोटी होकर मुड जाती हैं। पत्तियों की शिराएं मोटी हो जाती है जिससे पत्तियां मोटी दिखाई पड़ती हैं, पौधों की बढ़वार रूक जाती है, पौधे झाड़ीनुमा दिखाई पडते हैं। पौधों पर फल लगना कम हो जाते हैं फल लगते भी हैं तो कुरूप हो जाते हैं। यह रोग सफेद मक्खी द्वारा रोगग्रसित पौधे से दूसरे स्वस्थ पौधों में फैलाया जाता है।

मिर्च में पर्ण कुंचन रोग का प्रबंधन (Management of chilli Leaf curl virus)

खेत की तैयारी कैसे करें (How to prepare the field)

- ग्रीष्मकाल में गहरी जुताई अवश्य करवाएं।
- मेंढ़े साफ-सुथरी रखी जाएं।
- खेत के आसपास पुराने विषाणु ग्रसित मिर्च, टमाटर, पपीते के पौधों को नष्ट किया जाए।
- खेतों में अधिक वर्षा की स्थिति में पानी निकास की उचित व्यवस्था की जाए।
- मिट्टी परीक्षण के अनुसार संतुलित मात्रा में खाद एवं उर्वरकों का उपयोग करें।

पौध कैसे तैयार करें (How to raise seedlings)

- रोग प्रतिरोधक किस्मों का उपयोग करें।
- पौधशाला को कीट अवरोधक जाली (40-50 मेश कीट अवरोधक नेट) के अंदर तैयार करें।
- पौध को प्रो ट्रे में कोकोपीट के माध्यम में तैयार करें।
- बीजों की बुवाई के लिए 3 x 1 मीटर आकार की भूमि से 10 सेमी ऊँची उठी क्यारी तैयार करें ।

- मिर्च की पौधशाला की तैयारी के समय 50 ग्राम *ट्राइकोडर्मा विरडी*को 3 किलोग्राम पूर्णतया सड़ी गोबर हुई की खाद में मिलाकर प्रति 3 वर्ग मीटर की दर से में मिट्टी में मिलाऐं।
- मिर्च के बीज को बुवाई के पूर्व मेटलैक्सिल-एम 31.8% ईएस 2 मिली प्रति किलोग्राम बीज की दर से उपचारित करें। इसके उपरान्त इमिडाक्लोप्रिड 70% डब्ल्यूएस @ 10 ग्राम प्रति किलोग्राम बीज की दर से बीजोपचार करें।

पौध की खेत मे रोपाई कैसे करें (How to transplant the seedlings in the field)

- 35 दिन आयु की पौध की खेत में रोपण करें।
- फसल को रस चूसक कीटों से बचाव के लिए रोपाई के पूर्व पौध को इमिडाक्लोप्रीड 17.8% एसएल 0.3 मिली प्रति लीटर पानी के घोल में 30 मिनट तक पौध की जड़ों को डुबाने के बाद खेत में रोपाई करें।
- मिर्च के खेतों के आसपास ज्वार मक्का/ज्वार की दो-तीन कतारे लगाना भी लाभदायक होता है।
- खेत में रोग के प्रारंभिक लक्षण दिखने पर पर्णकुंचित पौधों को उखाड़कर गढ्ढे में डालकर बंद करें।
- खेत में सफेद मक्खी की निगरानी के लिए पीले प्रपंच (चिपचिपे कार्ड) 25 प्रति हेक्टेयर लगाना चाहिए।

खड़ी फसल में पर्ण कुंचन रोग से बचाव कैसे करें (How to protect crop from chilli Leaf curl virus in standing crop)

- रोग के प्रसार को रोकने के लिए रोगग्रस्त पौधों को देखते ही खेत से उखाड़कर नष्ट करें।
- मिर्च में रोपाई के 30 से 35 दिन बाद नीम बीज गिरी सत (NSKE) 5% या नीम तेल 3000 पीपीएम 3 मिली प्रति लीटर पानी पानी में घोलकर 10 दिन के अन्तराल पर दो बार छिड़काव करें।

- मिर्च में लीफ कर्ल रोग वाहक कीट सफेद मक्खी के नियंत्रण के लिए डिमप्रोपाइरिडाज़ 120 ग./ली एसएल (Dimpropyridaz 120g/lSL) 1000 मिली प्रति हेक्टेयर 500 लीटर पानी या फ्लोनिकामिड 50% डब्ल्यूजी 200 ग्राम प्रति हेक्टेयर 500 लीटर या ऐसिफेट 50% + इमिडाक्लोप्रिड 01.80% एसपी 1000 ग्राम प्रति हेक्टेयर 500 लीटर या बीटा-साइफ्लुथ्रिन 08.49% + इमिडाक्लोप्रिड 19.81% डब्ल्यू/डब्ल्यू ओडी 310 मिली प्रति हेक्टेयर 500 लीटर पानी या साइन्ट्रानिलिप्रोल 7.3% डब्ल्यू/डब्ल्यू + डायफेंथियूरॉन 36.4% डब्ल्यू/डब्ल्यू एससी 625 मिली प्रति हेक्टेयर 500 लीटर पानी या डायफेंथियूरॉन 40.1% + एसीटामिप्रिड 3.9% डब्ल्यू/डब्ल्यू डब्ल्यूपी 500 ग्राम प्रति हेक्टेयर 500 लीटर पानी या डायफेंथियूरॉन 30% + पाइरीप्रॉक्सीफेन 8% डब्ल्यू/डब्ल्यू एससी 1000 मिली प्रति हेक्टेयर 500 लीटर पानी या फ्लक्सामेटामाइड 5.81% + बाइफेंथ्रिन 5.81% ईसी (11.62% ईसी डब्ल्यू/डब्ल्यू) (12% ईसी डब्ल्यू/वी) 500 मिली प्रति हेक्टेयर 375 लीटर या हेक्सिथियाज़ॉक्स 3.5% + डायफेंथियूरॉन 42% डब्ल्यूडीजी 650 ग्राम प्रति हेक्टेयर 375 लीटर पानी या पाइरीप्रॉक्सीफेन 05% + फेनप्रोपैथ्रिन 15% ईसी 500 मिली प्रति हेक्टेयर 500 लीटर या पाइरीप्रॉक्सीफेन 05% + डायफेंथियूरॉन 25% एसई 1000 मिली प्रति हेक्टेयर 500 लीटर पानी या पाइरीप्रॉक्सीफेन 10% + बाइफेंथ्रिन 10% डब्ल्यू/डब्ल्यू ईसी 1250 मिली प्रति हेक्टेयर 500 लीटर या पाइरीप्रॉक्सीफेन 8% + डाइनोटेफ्यूरान 5% + डायफेंथियूरॉन 18% एससी 825 मिली प्रति हेक्टेयर 500 लीटर या टेट्रानिलिप्रोल 10.81% डब्ल्यू/डब्ल्यू + स्पायरोटेट्रामैट 21.62% डब्ल्यू/डब्ल्यू एससी 375 मिली प्रति हेक्टेयर 500 लीटर पानी या टोलफेनपाइराड 30% + पाइरीप्रॉक्सीफेन 10% + एसीटामिप्रिड 4% डब्ल्यू/डब्ल्यू ईसी 500 मिली प्रति हेक्टेयर 500 लीटर पानी में घोलकर छिडकाव करें।
- कीटनाशकों का अदल बदल कर छिडकाव करें। एक ही प्रकार के कीटनाशक का लगातार छिडकाव नहीं करें ।

- कीटनाशकों का छिड़काव फल बनने की अवस्था तक ही करें एवं एक ही कीटनाशक का बार बार उपयोग नही करें।

जड़-गाँठ सूत्रकृमि (Root-knot nematodes)

जड़-गाँठ सूत्रकृमि ***मेलोइडोगाइन*** वंश (*Meloidogyne* genus) के अंतर्गत आता है। इसके द्वारा पौधों की जड़ों पर पर गाठों का बनना प्राथमिक लक्षण है। खेत में पैचस में संक्रमित पौधे दिखाई देते हैं। गंभीर रूप से संक्रमित पौधों में जड़ प्रणाली कम हो जाती है और जड़ें लगभग पूरी तरह से अनुपस्थित होती हैं। जड़ें पानी और पोषक तत्वों के अवशोषण और परिवहन के उनके कार्य में गंभीर रूप से बाधित होती हैं

पौधे दिन के गर्म भाग के दौरान विशेष रूप से शुष्क परिस्थितियों में मुरझा जाते हैं और अक्सर छोटे हो जाते हैं। नर्सरी में संक्रमित पौध सामान्यतया रोपाई के बाद मर जाती हैं और जो बच जाती हैं उनमें फूल और फलों का उत्पादन कम हो जाता है।

प्रबंधन (Management)

- मिर्च की फसल को लगातार एक ही खेत में लगाने से सूत्रकृमि (nematode) का प्रकोप बढ़ता है। सही फसल चक्र अपना कर इसके प्रकोप को कम किया जा सकता है।
- गर्मियों में खेत की मिटटी पलते वाले हल से गहरी जुताई करें।
- प्रतिरोधी किस्मों का उपयोग करें।
- नर्सरी बेड को *ट्राइकोडर्मा हर्जियानम, पेसिलोमाइसेस लिलासिनस या स्यूडोमोनास फ्लोरेसेंस* @ 50 ग्राम/ वर्ग मीटर की दर से से उपचारित करें।
- सह फसल के रूप में गेंदा का रोपण करें।
- नीम खली 10 क्विंटल प्रति हेक्टेयर की दर से पौध रोपण के 2 सप्ताह पहले खेत में मिलाने पर मूल ग्रंथि के प्रकोप में काफी कमी पाई गई है।
- फफूंद (*ट्राइकोडर्मा हर्जियानम, ट्राइकोडर्मा विरडी, पैसिलोमाइसेस लिलासिनस*) और जीवाणु रोधी (*स्यूडोमोनास फ्लोरेसेंस, बैसिलस*

सबटिलिस) @ 0.5% के फॉर्मुलेशन को रोपाई के 30 दिनों के नियमित अंतराल पर मैन्युअल रूप से या ड्रिप सिंचाई के माध्यम से टोआ (drenching) करें या ।

- नेमाटोड प्रभावित फसल में कार्बोफुरान 3% सीजी 33 किलो प्रति हेक्टेयर की दर से उपयोग करें।

19

दैहिक विकृतियाँ

दैहिक विकृतियाँ (Physiological Disorders)

मिर्च में दैहिक विकृतियाँ मुख्य रूप से प्रतिकूल वातावरणीय परिस्थितियों, पोषक तत्वों के असंतुलन और नमी के उतार-चढ़ाव के कारण उत्पन्न होती हैं। ये किसी रोगज़नक़ (Pathogen) के कारण नहीं होती हैं।

1. ब्लॉसम एंड रोट (Blossom End Rot)

यह मिर्च और शिमला मिर्च (Bell pepper) की एक अत्यंत गंभीर दैहिक विकृति है जो सीधे तौर पर फल की गुणवत्ता और बाजार मूल्य को प्रभावित करती है।

- **कारण (Cause):** यह विकृति मुख्य रूप से फलों के ऊतकों (Fruit tissues) में **कैल्शियम (Calcium) की कमी** के कारण होती है। मिट्टी में नमी का असंतुलन (Moisture stress), उच्च तापमान, और मिट्टी में अतिरिक्त नाइट्रोजन (Nitrogen) की उपस्थिति कैल्शियम के अवशोषण (Calcium absorption) को बाधित करती है, जिससे यह समस्या विकराल हो जाती है।
- **लक्षण (Symptoms):** फल के निचले सिरे या पुष्पीय सिरे (Blossom end) पर **जल-सिक्त (Water-soaked)**, धंसे हुए (Sunken) गहरे भूरे या काले रंग के धब्बे बन जाते हैं। बाद में ये

धब्बे सूखकर चमड़े जैसे (Leathery) हो जाते हैं।

- **प्रबन्धन (Management):**

    - खेत में **समान मृदा नमी (Uniform soil moisture)** बनाए रखने के लिए नियमित और हल्की सिंचाई (Light irrigation) करें।
    - फलों के विकास की अवस्था (Fruit development stage) में **0.5% कैल्शियम क्लोराइड ($CaCl_2$)** का पर्णीय छिड़काव (Foliar spray) करें।
    - नाइट्रोजन युक्त उर्वरकों का संतुलित उपयोग करें।

2. सन स्कैल्ड या सूर्य की झुलसन (Sun Scald)

यह समस्या उन खेतों में अधिक देखी जाती है जहाँ पौधों में पत्तियों का विकास कम होता है या किसी कीट/बीमारी के कारण पत्तियाँ झड़ जाती हैं।

- **कारण (Cause):** फलों का सीधे तेज **धूप और अत्यधिक उच्च तापमान (High temperature)** के संपर्क में आना। जब फल अचानक तेज विकिरण (Solar radiation) के संपर्क में आते हैं, तो ऊतकों का तापमान घातक स्तर तक बढ़ जाता है।
- **लक्षण (Symptoms):** सूरज की तरफ वाले फल के हिस्से पर **सफेद, कागज़ जैसे (White, papery)** और सूखे झुलसे हुए धब्बे (Blister-like patches) बन जाते हैं। प्रभावित हिस्सा अक्सर बाद में द्वितीयक कवक संक्रमण (Secondary fungal infection) का शिकार हो जाता है।
- **प्रबन्धन (Management):**

    - **घने पर्ण वितान (Dense canopy / Good foliage cover)** वाली किस्मों का चयन करें ताकि फल पत्तियों की छाया में रहें।

- उचित फसल ज्यामिति (Proper crop geometry) और पौध अंतरण (Plant spacing) बनाए रखें।
- पत्तियाँ खाने वाले कीटों (Defoliating insects) और बीमारियों का समय पर नियंत्रण करें।

3. फूल एवं फल गिरना (Flower and Fruit Drop)

मिर्च की फसल में यह एक बहुत ही आम और आर्थिक रूप से नुकसानदायक समस्या है, जिससे उपज (Yield) में भारी कमी आती है।

- **कारण (Cause):** **अत्यधिक उच्च या निम्न तापमान (Extreme temperatures)**, **मिट्टी में नमी की कमी** (Drought) या जलभराव (Waterlogging), **कम प्रकाश** (Low light intensity), और पौधे में **हार्मोनल असंतुलन (Hormonal imbalance)** इसके मुख्य कारण हैं।
- **लक्षण (Symptoms):** पौधे से कलियों (Buds), फूलों (Flowers) और छोटे अपरिपक्व फलों (Young fruits) का अत्यधिक मात्रा में झड़ना (Shedding)।
- **प्रबन्धन (Management):**
    - पुष्पन अवस्था (Flowering stage) में **NAA (Naphthalene Acetic Acid)** - जिसे व्यापारिक रूप से **प्लानोफिक्स (Planofix)** के नाम से जाना जाता है, का **10 से 20 ppm (1 मिली प्रति 4.5 लीटर पानी)** की दर से पर्णीय छिड़काव (Foliar spray) करें।
    - पहला छिड़काव फूल आने के समय और दूसरा छिड़काव उसके 20-25 दिन बाद करें।
    - खेत में उचित जल निकासी (Drainage) और इष्टतम नमी (Optimum moisture) बनाए रखें।

4. फल फटना (Fruit Cracking)

यद्यपि यह टमाटर जितना सामान्य नहीं है, फिर भी मिर्च की कुछ किस्मों में यह विकृति पाई जाती है।

- **कारण (Cause):** मिट्टी की नमी में अचानक और भारी उतार-चढ़ाव। **लंबे सूखे (Prolonged dry spell)** के बाद अचानक भारी **सिंचाई (Heavy irrigation)** या मूसलाधार बारिश होने से फलों की बाहरी त्वचा (Epidermis) दबाव नहीं सह पाती और फट जाती है।
- **लक्षण (Symptoms):** फलों की सतह पर सूक्ष्म या गहरी दरारें (Cracks) दिखाई देती हैं, जिससे फल की बाजार गुणवत्ता नष्ट हो जाती है।
- **प्रबन्धन (Management):**
    - फसल में **नियमित अंतराल पर सिंचाई (Irrigation at regular intervals)** करें ताकि मिट्टी की नमी में अचानक उतार-चढ़ाव न हो।
    - खेत में मल्चिंग (Mulching) का उपयोग करें, जो मृदा नमी (Soil moisture) को संरक्षित करने और तापमान को नियंत्रित करने में सहायक है।

परिशिष्ट I: कीटनाशकों के उपयोग के समय रखी जाने वाली सावधानियाँ

परिशिष्ट I: कीटनाशकों के उपयोग के समय रखी जाने वाली सावधानियाँ (Precautions to be taken while using pesticides)

कीटनाशक क्रय (Pesticide purchase)

- एक बार प्रयोग के लिए जितनी मात्रा की आवश्यकता है उतनी ही मात्रा में कीटनाशक का क्रय करें।
- रिसते हुए डिब्बों, खुला, बिना मोहर, फटे बैग में कीटनाशक का क्रय न करें।
- बिना अनुमोदित लेबल वाले कीटनाशक का चयन न करें।

भण्डारण (Storage

- घर के अंदर कीटनाशक का भण्डारण न करें।
- मौलिक मोहरबंद डब्बे का ही प्रयोग करें।
- कीटनाशक को किसी दूसरे पात्र में स्थानांतरित न करें।
- खाद्य सामग्री या चारा के साथ कीटनाशक को न रखें।
- कीटनाशक को बच्चों या पशुओं के पहुँच के बाहर रखें।
- वर्षा या धुप में कीटनाशक के साथ न रखें।

उपयोग (Use)

- खाद्य पदार्थों के साथ कीटनाशक को न लावें तथा परिवहन न करें।
- अधिक कीटनाशक की मात्रा को सर पर, कंधों पर, पीठ पर रखकर स्थानांतरित न करें।

कीटनाशक छिड़काव हेतु घोल निर्माण में सावधानियाँ (Precautions in preparation of pesticides solution for

spraying)

- केवल शुद्ध जल का प्रयोग करें।
- छिडकाव अवधि में अपना नाक, आँख, मुंह, कान तथा हाथ का बचाव करें।
- घोल बनाते समय हाथ का दस्ताना, चेहरे का मुखौटा, नकाब तथा सर को ढकते हुए टोपी का प्रयोग करें। इस अवधि में कीटनाशक हेतु उपयोग किये गये पॉलिथीन का उपर्युक्त कार्य हेतु इस्तेमाल न करें।
- घोल बनाते करते समय डिब्बे पर अंकित सावधानियाँ को पढ़कर अच्छी प्रकार समझ लें, तदनुसार कार्रवाई करें।
- छिड़काव किये जाने वाली मात्रा में ही घोल बनाएं ।
- मोहरबंद पात्र के सान्द्र कीटनाशक को हाथ के सम्पर्क में न आने दें। छिड़काव मशीन के टैंक को न सूंघें।
- छिड़काव मशीन के टैंक में कीटनाशक ढालते समय बाहर न गिरने दें।
- छिड़काव मिश्रण तैयार करते समय खाना, पीना, चबाना, या धूम्रपान करना मना है।

छिडकाव उपकरण (Spraying tools)

- सही प्रकार के उपकरण का ही चयन करें।
- रिसने वाले या दोषपूर्ण उपकरण का प्रयोग न करें।
- उचित प्रकार को नोजल का ही प्रयोग न करें।
- रुकावट पैदा होने और नोजल को मुंह से न फूंकें तथा साफ करें। इस कार्य टूथ-ब्रश एवं स्वच्छजल का ही प्रयोग करें।
- खरपतवार नाशक तथा कीटनाशक प्रयोग हेतु एक ही छिड़काव मशीन का उपयोग न करें।

कीटनाशक छिड़काव के समय बरती जाने वाली सावधानियाँ (Precautions to be taken while spraying pesticides)

- केवल सिफारिश की गयी मात्रा तथा सांद्रता के घोल का ही प्रयोग करें।
- कीटनाशक का छिड़काव गर्म टिन की अवधिएवं तेज वायु गति के समय न करें।
- वर्षोपरांत या वर्षा के पूर्व (अनुमानित) कीटनाशक का छिड़काव न करें।
- वायुगति दिशा के विरुद्ध कीटनाशक का छिड़काव न करें।
- छिड़काव के पश्चात स्प्रेयर, बाल्टी आदि को साबुन पानी से साफ कर लें।
- बाल्टी या अन्य पात्र जिसका उपयोगछिड़काव में किया गया है, उसका घरेलू कार्य हेतु पुनः उपयोग न करें।
- छिड़काव के तुरंत बाद उपचारित क्षेत्र में जानवर या मजदूर का प्रवेश वर्जित कर दें।

निपटान (Disposal)

- बचे हुए छिड़काव घोल को तालाब, जलाशय या पानी के पाइप के सम्पर्क में न आने दें।
- उपयोग किये गये बर्तन, डब्बे को पत्थर से पिचकाकर जल स्रोत से दूर मिट्टी में काफी गहराई में गाड़ दें।
- खाली डब्बों का उपयोग खाद्य भंडारण हेतु न करें।

परिशिष्ट Ii: प्रतिबंधित कीटनाशकों की सूची

परिशिष्ट II: प्रतिबंधित, पंजीकरण के लिए अस्वीकृत या उपयोग में सीमित कीटनाशकों की सूची

(Appendix II: List of Pesticides that are Banned, Refused Registration, or Restricted in Use) Updated on 31.03.2024)

I. भारत में प्रतिबंधित कीटनाशक / फॉर्मूलेशन (PESTICIDES / FORMULATIONS BANNED IN INDIA)

A. निर्माण, आयात और उपयोग के लिए पूर्णतः प्रतिबंधित कीटनाशक (Pesticides Banned for manufacture, import and use.)

1. **एलाक्लोर (Alachlor)** (एस.ओ. 3951 (ई), दिनांक 08.08.2018)
2. **एल्डिकार्ब (Aldicarb)** (एस.ओ. 682 (ई), दिनांक 17 जुलाई 2001)
3. **एल्ड्रिन (Aldrin)**
4. **बेंजीन हेक्साक्लोराइड (Benzene Hexachloride)**
5. **बेनोमिल (Benomyl)** (एस.ओ. 3951(ई), दिनांक 8 अगस्त 2018)
6. **कैल्शियम साइनाइड (Calcium Cyanide)**
7. **कार्बेरिल (Carbaryl)** (एस.ओ. 3951(ई), दिनांक 8 अगस्त 2018)
8. **क्लोरबेंजिलेट (Chlorbenzilate)** (एस.ओ. 682 (ई), दिनांक 17 जुलाई 2001)
9. **क्लोर्डेन (Chlordane)**
10. **क्लोरोफेनविन्फोस (Chlorofenvinphos)**
11. **कॉपर एसीटोआर्सेनाइट (Copper Acetoarsenite)**
12. **डायज़िनॉन (Diazinon)** (एस.ओ. 3951(ई), दिनांक 8 अगस्त

2018)

13. **डाइब्रोमोक्लोरोप्रोपेन (DBCP)** (एस.ओ. 569 (ई), दिनांक 25 जुलाई 1989)
14. **डाइक्लोरवोस (Dichlorvos)** (एस.ओ. 3951 (ई), दिनांक 08.08.2018)
15. **डिकोफोल (Dicofol)** (एस.ओ. 4294(ई), दिनांक 3 अक्टूबर 2023)
16. **डाइएल्ड्रिन (Dieldrin)** (एस.ओ. 682 (ई), दिनांक 17 जुलाई 2001)
17. **डाइनोकैप (Dinocap)** (एस.ओ. 4294(ई), दिनांक 3 अक्टूबर 2023)
18. **एंडोसल्फान (Endosulfan)** (भारत के सर्वोच्च न्यायालय का रिट याचिका (सिविल) संख्या 213/2011 में दिनांक 13 मई 2011 का अंतरिम आदेश और 10 जनवरी 2017 का अंतिम निपटान)
19. **एंड्रिन (Endrin)**
20. **एथिल मरकरी क्लोराइड (Ethyl Mercury Chloride)**
21. **एथिल पैराथियान (Ethyl Parathion)**
22. **एथिलीन डाइब्रोमाइड (EDB)** (एस.ओ. 682 (ई), दिनांक 17 जुलाई 2001)
23. **फेनारिमोल (Fenarimol)** (एस.ओ. 3951(ई), दिनांक 8 अगस्त 2018)
24. **फेंथियान (Fenthion)** (एस.ओ. 3951(ई), दिनांक 8 अगस्त 2018)
25. **हेप्टाक्लोर (Heptachlor)**
26. **लिंडेन (गामा-HCH) (Lindane)**
27. **लिनुरोन (Linuron)** (एस.ओ. 3951(ई), दिनांक 8 अगस्त 2018)
28. **मैलिक हाइड्राज़ाइड (Maleic Hydrazide)** (एस.ओ. 682 (ई), दिनांक 17 जुलाई 2001)
29. **मेनाज़ोन (Menazon)**

30. **मेथोमिल (Methomyl)** (एस.ओ. 4294(ई), दिनांक 3 अक्टूबर 2023)
31. **मेथॉक्सी एथिल मरकरी क्लोराइड (Methoxy Ethyl Mercury Chloride)** (एस.ओ. 3951(ई), दिनांक 8 अगस्त 2018)
32. **मिथाइल पैराथियान (Methyl Parathion)** (एस.ओ. 3951(ई), दिनांक 8 अगस्त 2018)
33. **मेटॉक्सुरोन (Metoxuron)**
34. **नाइट्रोफेन (Nitrofen)**
35. **पैराक्वाट डाइमिथाइल सल्फेट (Paraquat Dimethyl Sulphate)**
36. **पेंटाक्लोरो नाइट्रोबेंजीन (PCNB)** (एस.ओ. 569 (ई), दिनांक 25 जुलाई 1989)
37. **पेंटाक्लोरोफेनोल (Pentachlorophenol)**
38. **फिनाइल मरकरी एसीटेट (Phenyl Mercury Acetate)**
39. **फोरेट (Phorate)** (एस.ओ. 3951 (ई), दिनांक 08.08.2018)
40. **फॉस्फामिडॉन (Phosphamidon)** (एस.ओ. 3951 (ई), दिनांक 08.08.2018)
41. **सोडियम साइनाइड (Sodium Cyanide)** (केवल कीटनाशक उद्देश्यों के लिए प्रतिबंधित - एस.ओ. 3951(ई), दिनांक 8 अगस्त 2018)*
42. **सोडियम मीथेन आर्सोनेट (Sodium Methane Arsonate)**
43. **टेट्राडिफॉन (Tetradifon)**
44. **थियोमेटन (Thiometon)** (एस.ओ. 3951(ई), दिनांक 8 अगस्त 2018)
45. **टॉक्साफीन (कैम्फेक्लोर) (Toxaphene/Camphechlor)** (एस.ओ. 569 (ई), दिनांक 25 जुलाई 1989)
46. **ट्राइज़ोफॉस (Triazophos)** (एस.ओ. 3951 (ई), दिनांक 08.08.2018)
47. **ट्राइडेमोर्फ (Tridemorph)** (एस.ओ. 3951(ई), दिनांक 8 अगस्त 2018)

48. **ट्राइक्लोरो एसिटिक एसिड (TCA)** (एस.ओ. 682 (ई), दिनांक 17 जुलाई 2001)
49. **ट्राइक्लोरफॉन (Trichlorfon)** (एस.ओ. 3951 (ई), दिनांक 08.08.2018)

B. भारत में उपयोग के लिए प्रतिबंधित लेकिन निर्यात के लिए निर्माण जारी रखने वाले कीटनाशक (Pesticide / Pesticide formulations banned for use but continued to manufacture for export)

1. **कैप्टाफोल 80% पाउडर (Captafol)** (एस.ओ. 679 (ई), दिनांक 17 जुलाई 2001)
2. **डाइक्लोरवोस (Dichlorvos)** (एस.ओ. 1196 (ई), दिनांक 20 मार्च 2020)
3. **निकोटीन सल्फेट (Nicotin Sulfate)** (एस.ओ. 325 (ई), दिनांक 11 मई 1992)
4. **फोरेट (Phorate)** (एस.ओ. 1196 (ई), दिनांक 20 मार्च 2020)
5. **ट्राइज़ोफॉस (Triazophos)** (एस.ओ. 1196 (ई), दिनांक 20 मार्च 2020)

C. वापस लिए गए कीटनाशक (Withdrawn Pesticides)

(नोट: यदि कीटनाशक उद्योग सरकार को दिशा-निर्देशों के अनुसार पूर्ण डेटा प्रस्तुत करता है और पंजीकरण समिति उसे स्वीकार कर लेती है, तो यह वापसी निष्प्रभावी हो सकती है - एस.ओ. 915(ई) दिनांक 15 जून 2006)

1. **डैलापोन (Dalapon)**
2. **फेरबम (Ferbam)**
3. **फॉर्मोथियान (Formothion)**
4. **निकल क्लोराइड (Nickel Chloride)**

5. **पैराडाइक्लोरोबेंजीन (PDCB)**
6. **सिमाज़ीन (Simazine)**
7. **सिरमेट (Sirmate)** (एस.ओ. 2485 (ई), दिनांक 24 सितंबर 2014)
8. **वारफेरिन (Warfarin)** (एस.ओ. 915 (ई), दिनांक 15 जून 2006)

** गैर-कीटनाशक उपयोगों के लिए मौजूदा तरीके से नियमन जारी रहेगा।*

II. पंजीकरण के लिए अस्वीकृत कीटनाशक (PESTICIDES REFUSED REGISTRATION)

1. 2,4, 5-T
2. अमोनियम सल्फामेट (Ammonium Sulphamate)
3. एज़िनफोस एथिल (Azinphos Ethyl)
4. एज़िनफोस मिथाइल (Azinphos Methyl)
5. बिनापाक्रिल (Binapacryl)
6. कैल्शियम आर्सेनेट (Calcium Arsenate)
7. कार्बोफेनोथियान (Carbophenothion)
8. चिनोमेथियोनेट / मोरेस्तान (Chinomethionate)
9. डाइक्रोटोफोस (Dicrotophos)
10. ईपीएन (EPN)
11. फेंटिन एसीटेट (Fentin Acetate)
12. फेंटिन हाइड्रॉक्साइड (Fentin Hydroxide)
13. लेड आर्सेनेट (Lead Arsenate)
14. लेप्टोफोस / फोसवेल (Leptophos)
15. मेफोस्फोलान (Mephosfolan)
16. मेविनफोस / फोसड्रिन (Mevinphos)
17. थियोडेमेटन / डाइसल्फोटन (Thiodemeton / Disulfoton)
18. वैमिडोथियान (Vamidothion)

I. III. देश में उपयोग के लिए सीमित कीटनाशक (PESTICIDES RESTRICTED FOR USE IN THE COUNTRY)

- **ट्राइफ्लुरलिन (Trifluralin):** गेहूं को छोड़कर इसके सभी उपयोग प्रतिबंधित हैं। इसे जल निकायों और जलीय कृषि क्षेत्रों के पास उपयोग नहीं किया जाना चाहिए (चेतावनी लेबल अनिवार्य)।

1. **एल्युमिनियम फॉस्फाइड (Aluminium Phosphide):** इसका उपयोग केवल सरकारी/सरकारी उपक्रमों या सरकार द्वारा अनुमोदित विशेषज्ञों की सख्त देखरेख में अधिकृत कीट नियंत्रण ऑपरेटरों द्वारा किया जा सकता है। (अपवाद: 15% 12 ग्राम टैबलेट और 6% टैबलेट)। 3 ग्राम के 10 और 20 टैबलेट वाले ट्यूब पैक का उत्पादन, विपणन और उपयोग पूरी तरह प्रतिबंधित है।
2. **कैप्टाफोल (Captafol):** पर्णीय छिड़काव (foliar spray) के रूप में प्रतिबंधित। इसका उपयोग केवल बीज उपचार (seed dresser) के रूप में होगा। 80% पाउडर का निर्माण निर्यात के अलावा देश में उपयोग के लिए प्रतिबंधित है।
3. **कार्बोफ्यूरान (Carbofuran):** कार्बोफ्यूरान 3% इनकैप्सुलेटेड ग्रेन्युल (CG) (फसल लेबल के साथ) को छोड़कर इसके अन्य सभी फॉर्मूलेशन के उपयोग पर रोक लगा दी गई है।
4. **क्लोरपायरीफोस (Chlorpyriphos):** बेर, नींबू प्रजाति (Citrus) और तंबाकू में उपयोग के लिए प्रतिबंधित।
5. **साइपरमेथ्रिन (Cypermethrin):** 3% स्मोक जेनरेटर का उपयोग केवल कीट नियंत्रण ऑपरेटरों द्वारा किया जाना है; आम जनता के लिए इसकी अनुमति नहीं है।
6. **डाज़ोमेट (Dazomet):** चाय की फसल पर उपयोग की अनुमति नहीं है।
7. **डीडीटी (DDT):** घरेलू सार्वजनिक स्वास्थ्य कार्यक्रम के लिए इसका उपयोग अधिकतम 10,000 मीट्रिक टन प्रति वर्ष तक सीमित है (महामारी को छोड़कर)। कृषि में इसका उपयोग वापस ले

लिया गया है; विशेष परिस्थितियों में ही सरकारी देखरेख में उपयोग की अनुमति है।

8. **डाइमेथोएट (Dimethoate):** कच्चे खाद्य पदार्थों के रूप में खपत होने वाले फलों और सब्जियों पर उपयोग के लिए प्रतिबंधित।
9. **फेनिट्रोथियान (Fenitrothion):** कृषि में प्रतिबंधित; केवल रेगिस्तानी क्षेत्रों में टिड्डी नियंत्रण और सार्वजनिक स्वास्थ्य के लिए उपयोग किया जा सकता है।
10. **मैलाथियान (Malathion):** ज्वार, मटर, सोयाबीन, अरंडी, सूरजमुखी, भिंडी, बैंगन, फूलगोभी, मूली, शलजम, टमाटर, सेब, आम और अंगूर पर उपयोग के लिए प्रतिबंधित।
11. **मैनकोज़ेब (Mancozeb):** अमरूद, ज्वार और टैपिओका पर उपयोग के लिए प्रतिबंधित।
12. **मिथाइल ब्रोमाइड (Methyl Bromide):** केवल सरकारी विशेषज्ञों या प्लांट प्रोटेक्शन एडवाइजर द्वारा अनुमोदित विशेषज्ञों की देखरेख में उपयोग किया जा सकता है।
13. **मोनोक्रोटोफोस (Monocrotophos):** सब्जियों पर उपयोग के लिए प्रतिबंधित। इसका 36% SL फॉर्मूलेशन बंद किया जा रहा है और 3 अक्टूबर 2023 की अधिसूचना के बाद कोई नया पंजीकरण नहीं दिया जाएगा। मौजूदा स्टॉक को खत्म करने के लिए 1 साल की मोहलत दी गई थी।
14. **ऑक्सीफ्लोरफेन (Oxyfluorfen):** आलू और मूंगफली पर उपयोग के लिए प्रतिबंधित।
15. **क्विनालफोस (Quinalphos):** जूट, इलायची और ज्वार पर उपयोग के लिए प्रतिबंधित।

(स्रोत: वनस्पति संरक्षण, संगरोध एवं संग्रह निदेशालय - https://www.ppqs.gov.in/en

Source: Directorate of Plant Protection Quarantine & Storage. https://www.ppqs.gov.in/en

परिशिष्ट Iii: बीज प्रदाय करने वाले प्रमुख संस्थानों की सूची

परिशिष्ट III: बीज प्रदाय करने वाले प्रमुख संस्थानों की सूची

1. भारतीय बागवानी अनुसंधान संस्थान, बेंगलुरु (Indian Institute of Horticultural Research - IIHR, Bengaluru)

- **महत्वपूर्ण जानकारी:** यह आईसीएआर (ICAR) का एक प्रमुख संस्थान है जो मिर्च की **'अर्क' (Arka)** श्रृंखला (Series) की उन्नत किस्में (जैसे- **अर्क लोहित, अर्क मेघना, अर्क श्वेता, अर्क हरिता**) विकसित करता है।
- किसान, छात्र और शोधकर्ता इस संस्थान के **बीज पोर्टल (Seed Portal)** या इसके बीज प्रभाग (Seed division) के माध्यम से सीधे बीज प्राप्त कर सकते हैं।

2. भारतीय सब्जी अनुसंधान संस्थान, वाराणसी (Indian Institute of Vegetable Research - IIVR, Varanasi)

- **महत्वपूर्ण जानकारी:** यह संस्थान राष्ट्रीय स्तर पर विशेष रूप से सब्जी अनुसंधान (Vegetable research) को समर्पित है। यह मिर्च की **'काशी' (Kashi)** श्रृंखला की उन्नत किस्में (जैसे- **काशी अनमोल, काशी विश्वनाथ, काशी अर्ली, काशी सुर्ख**) विकसित करता है और उनके गुणवत्तापूर्ण बीज (Quality seeds) प्रदाय करता है।

3. भारतीय कृषि अनुसंधान संस्थान, नई दिल्ली (Indian Agricultural Research Institute - IARI, New Delhi)

- **महत्वपूर्ण जानकारी:** यह देश का सबसे पुराना और अग्रणी कृषि अनुसंधान संस्थान (Agricultural research institute) है। यहाँ से मिर्च की अत्यंत लोकप्रिय और व्यावसायिक **'पूसा' (Pusa)**

श्रृंखला की किस्में (जैसे- **पूसा ज्वाला, पूसा सदाबहार, पूसा दीप्ति**) के बीज प्रदाय (Seed supply) किए जाते हैं।

4. राष्ट्रीय बीज निगम (National Seeds Corporation - NSC)

- **महत्वपूर्ण जानकारी:** यद्यपि यह सीधे तौर पर शोध संस्थान नहीं है, लेकिन आईसीएआर (ICAR) संस्थानों द्वारा विकसित उन्नत किस्मों (Improved varieties) के **प्रमाणित बीज (Certified seed)** का बड़े पैमाने पर गुणन (Multiplication) और किसानों तक वितरण (Distribution) करने वाली यह भारत सरकार की सबसे बड़ी **नोडल एजेंसी (Nodal agency)** है।

5. राज्य कृषि विश्वविद्यालय (State Agricultural Universities - SAUs) एवं कृषि विज्ञान केंद्र (Krishi Vigyan Kendras - KVKs)

- **महत्वपूर्ण जानकारी:** आईसीएआर (ICAR) प्रणाली के अंतर्गत, विभिन्न राज्यों के कृषि विश्वविद्यालय अपनी क्षेत्रीय जलवायु (Regional climate) के अनुकूल मिर्च की संकर (Hybrid) और उन्नत किस्में विकसित करते हैं। स्थानीय स्तर पर (जिला स्तर पर) किसानों को प्रामाणिक बीज उपलब्ध कराने में **कृषि विज्ञान केंद्र (KVKs)** एक सबसे महत्वपूर्ण कड़ी (Crucial link) के रूप में कार्य करते हैं।

(**वैज्ञानिक टिप:** बीज क्रय करते समय हमेशा संस्थान द्वारा जारी किया गया बीज प्रमाणीकरण टैग (Seed certification tag) अवश्य जाँचना चाहिए, जिसमें बीज की आनुवंशिक शुद्धता (Genetic purity) और भौतिक शुद्धता (Physical purity) का विवरण अंकित होता है।)

www.ingramcontent.com/pod-product-compliance
Ingram Content Group UK Ltd.
Pitfield, Milton Keynes, MK11 3LW, UK
UKHW020117290926
15471UKWH00003B/193

9 798886 677553